MUSIQUE

ET

MUSICIENS

GUY DE CHARNACÉ

MUSIQUE

ET

MUSICIENS

DEUXIÈME VOLUME

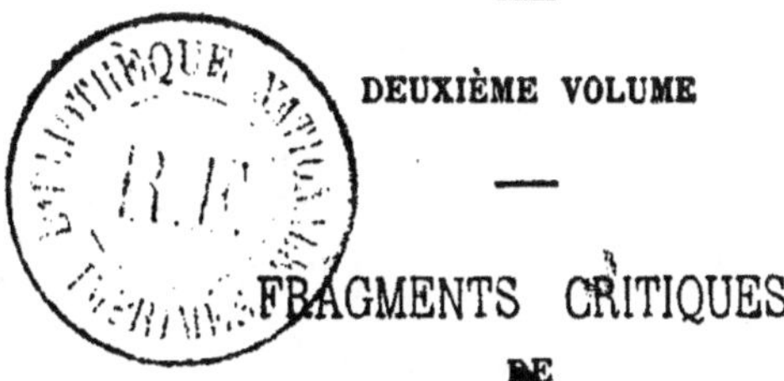

FRAGMENTS CRITIQUES

DE

M. RICHARD WAGNER

Traduits et annotés

PARIS
LIBRAIRIE MUSICALE
POTTIER DE LALAINE, Éditeur
115, rue de Provence, 115
1873

LES ŒUVRES CRITIQUES

DE M. RICHARD WAGNER.

M. Richard Wagner, individualité envahissante et bruyante, non content de son tapage musical a de tout temps, daigné faire de la critique, malgré tout le mal qu'il en dit. Il est vrai que ses injures ne s'adressent guère qu'aux écrivains de son pays qu'il accuse de fort vilains défauts. C'est, sans doute, qu'il entend rehausser par la sienne, la critique allemande. Malgré cette louable ambition qu'il n'a peut-être pas entièrement satisfaite, du moins sous le rapport de ce que nous appelons en France la bonne éducation, l'urbanité, il est difficile de ne pas supposer que son but principal, en publiant ses nombreux écrits, était de faire du bruit autour de ses œuvres musicales, d'attirer sur elles l'attention, en un mot de les faire accepter en les prônant lui-même.

M. Wagner a réussi complètement dans la première partie de sa tâche. Il a fait du bruit et beaucoup de bruit. Pour y parvenir toutes les armes lui paraissent bonnes, même les moins courtoises ; les gros mots qui, ne prouvent que contre ceux qui les emploient abondent dans sa prose. Il insulte à tort et à travers les artistes, les compositeurs même les plus illustres, les gentilshommes, les cours, les peuples et les rois, qualifiant de « singes » ceux qui protestent contre sa marchandise musicale. Quoi qu'il en soit il a réussi ; je dirai même plus : il a pris, pour atteindre son but, le meilleur moyen.

En effet passez à côté de quelqu'un, et saluez-le ; il pourra très-bien arriver que votre salut passe inaperçu. Au contraire, accostez cette même personne et lancez-lui une insulte à la face ; oh ! alors vous êtes certain que la personne injuriée vous remarquera et vous répondra. Il arrivera même que la querelle attirera les badauds, la foule en un mot. Et bien, c'est précisément là le langage qu'a tenu M. Wagner dans une œuvre qui ne comptera pas moins de neuf volumes dont les cinq premiers tômes ont déjà paru.

M. Wagner qui, dit-on, se montre homme d'esprit dans la conversation, n'est que prétentieux, diffus, confus et obscur dans ses écrits. Rien n'est plus rare qu'une bonne page chez M. Wagner. Si parfois il a raison sur un point, bientôt il s'empresse de se donner tort quelques lignes plus loin. On dirait que son but est de vouloir rester seul; qu'il écrit non pas pour convertir à ses idées mais pour faire parler de lui. En toutes choses et toujours, il vise à l'effet et au bizarre. Il y parvient dans ses œuvres musicales par des combinaisons nouvelles de timbres, par des sonorités qui ne sont là que pour masquer l'absence de mélodie. Dans sa prose l'idée est plus apparente, mais il ne sait l'exposer ni clairement ni simplement; il en résulte que l'effet si ardemment visé n'est pas atteint.

Il y a toutefois, une grande différence entre le musicien et le critique. Autant le premier est habile dans l'art d'écrire, autant le second y paraît détestable. Mais l'œuvre musicale de M. Wagner était trop considérable par le nombre et trop individuelle par la forme pour que ses écrits n'attirassent pas l'attention du public. La situation personnelle de M. Wagner devait, en outre, aider à leur publicité.

Pauvre et errant, d'abord, obligé de vivre de copie et de transcriptions musicales, tantôt à Paris, tantôt en Allemagne, maître de Chapelle du roi de Saxe, révolutionnaire et factieux en 1848, puis protégé, plus tard, d'un jeune roi auquel il doit son indépendance, M. Wagner s'est fait le chef d'une petite église, composée en grande partie d'impuissants, où on l'encense et où l'on couronne son buste au jour anniversaire de sa naissance. Il n'a pas composé le *Prophète*, malheureusement pour sa gloire, mais il s'est baptisé le prophète-roi de la musique de l'avenir !

M. Wagner s'étant posé dans le monde musical comme réformateur et comme novateur, il avait droit à l'examen de ses contemporains. Pour le faire, nous avons traduit quelques fragments de ses œuvres. Elles sont ici, suivies des réflexions qu'elles nous inspirent.

Si nous eussions traduit l'un des volumes de M. Wagner, pour le publier *in extenso* il nous eut fallu l'autorisation de l'auteur qu'il nous aurait peut-être refusée, à moins que nous ne nous fussions présenté comme son panégyriste dans une Introduction écrite pour sa glorification. Au lieu de cela nous nous contentons de prendre, ici et là, quelques fragments caractéristiques de ses tendances et de ses opinions, afin de les examiner. C'est notre droit et nous en usons sans sa permission.

Nous allons faire connaître les idées de l'auteur du *Tannhauser*, et nous faire le critique de sa critique.

Le respect des maîtres, l'admiration des grands génies de la musique, l'indépendance du caractère et la conscience, tels furent les guides du travail que nous soumettons au lecteur. Puisse-t-il nous prouver que nous les avons fidèlement suivis !

1873.

SUR LA MUSIQUE ALLEMANDE (1)

Grâce aux efforts d'un certain nombre d'artistes distingués qui paraissent s'être concertés dans le but de faire connaître la musique allemande, grâce à eux, grâce à leurs talents, les œuvres les plus remarquables des maîtres allemands ne sont plus inconnues du public parisien. Elles lui ont été présentées de la manière la plus parfaite, et il les a reçues avec le plus grand enthousiasme. On a commencé de briser ces barrières, qui, si elles doivent, peut-être, séparer éternellement les nations ne devraient jamais confiner leurs arts. On peut même di re qu'en acordant avec tant de bonne volonté leur admiration à des productions étrangères, les Français ont dû faire un plus grand effort que les Allemands, qui acceptent rapidement les importations et peut-être même avec plus de facilité qu'il n'en faudrait pour conserver une certaine indépendance.

(1) Fragment traduit de l'Allemand, par l'auteur de ce volume, d'après les œuvres complètes de M. Richard Wagner : *Gesammelte Scriften und dichtungen.* 1er volume chez l'éditeur Fritzch. Leipzig. 1871.

La différence consiste en ce que l'Allemand, qui n'est pas capable d'imposer une mode, l'accepte sans réflexion, lorsqu'elle lui vient de l'étranger. Il s'oublie lui-même, alors, et sacrifie aveuglément son propre jugement à celui de l'étranger. Cette observation s'adresse principalement à la masse du public allemand ; car nous voyons, d'un autre côté, les musiciens de profession protester contre cette faiblesse générale et, par un faux zèle patriotique, se montrer partiaux et injustes dans leurs jugements sur les productions étrangères. C'est tout le contraire chez les Français. La masse du public français se montre complètement satisfaite par ses productions nationales et n'éprouve pas du tout le besoin d'étendre ses connaissances ; par contre, les amateurs de musique n'en sont que plus disposés à apprécier le mérite des étrangers. La classe élevée admire sans réserve ce qui lui arrive de beau et d'inconnu d'au-delà des frontières. On en a la preuve évidente dans l'accueil enthousiaste qu'on fit si rapidement à la musique instrumentale allemande. Néanmoins, demander si le Français comprend complètement la musique allemande est une question à laquelle on ne peut répondre que d'une manière dubitative.

S'il est impossible d'admettre que l'enthousiasme provoqué par l'exécution magistrale d'une symphonie de Beethoven par l'orchestre du Conservatoire soit affecté, il suffit cependant de connaître les aperçus, les conceptions, les impressions que fait naître cette audition chez tel ou tel de ces enthousiastes, pour reconnaître que le génie allemand n'est pas encore bien compris.

Considérons donc en détail l'Allemagne et l'état de sa musique, pour indiquer plus clairement de quelle façon il faudrait la concevoir.

On a dit que la musique disposait l'Italien à l'amour, que le Français ne l'aimait que comme prétexte à réunion mondaine, mais que l'Allemand la pratiquait comme une science. Il serait peut-être plus juste de dire que l'Italien est un chanteur, le Français un virtuose, et l'Allemand un musicien. L'Allemand a le droit d'être exclusivement désigné comme *musicien*, car on peut dire de lui qu'il aime la musique pour elle-même, et non pas pour chercher à plaire, pour gagner de l'argent ou de la considération, mais parce que c'est un art divin qu'il adore et qui est tout pour lui du jour où il s'y consacre.

L'Allemand est capable de composer de la musique seulement pour lui et pour son ami, sans se préoccuper le moins du monde de savoir si elle sera jamais exécutée et acceptée par un public quelconque. Le désir de briller par ses productions s'empare rarement d'un Allemand. La plupart de nos musiciens ne sauraient même pas comment s'y prendre et comment paraître devant le public. La patrie de l'Allemand est divisée en une foule de royaumes, d'électorats, de duchés, et de villes libres. S'il habite une petite ville dans un duché, il ne lui vient pas un instant à l'idée d'y briller, car il n'y trouverait pas de public ; s'il a vraiment de l'ambition, ou s'il lui faut vivre par sa musique, il va dans la capitale de son duché ; mais dans cette petite capitale il y a déjà beaucoup d'habiles musiciens, il lui sera donc bien difficile de faire son chemin. Il finit enfin par percer ; sa musique plaît ; mais dans le duché voisin pas une âme ne connaît son nom ; comment commencer à se faire connaître en Allemagne ? Il le tente, mais dans l'intervalle il vieillit et meurt sans que nul prononce son nom à l'avenir. C'est là l'histoire de centaines de musiciens.

Comment s'étonner, alors, s'il y en a des milliers qui ne se donnent même pas la peine de chercher à se faire une carrière comme musiciens ? Ils préfèrent gagner leur vie en pratiquant un métier pour pouvoir s'occuper d'autant plus tranquillement de leur musique à leurs heures de liberté, pour s'y délasser, pour s'y perfectionner, mais non pour briller. Si vous croyez qu'ils font de la musique par métier, entrez et regardez-les, un soir d'hiver, dans la petite chambre : Là, autour d'une table ronde, sont assis un père et ses trois fils. Deux jouent du violon, le troisième tient la contre-basse et le père le violoncelle ; ce que vous les entendez exécuter avec un si profond recueillement, c'est un quatuor composé par ce petit homme qui bat la mesure. Celui-ci est le maître d'école du village voisin ; son quatuor est artistique, beau et profondément senti. Entrez de nouveau dans le même lieu pour y écouter le même auteur exécuter cette musique ; vous en serez ému jusqu'aux larmes et remué jusqu'aux entrailles. C'est alors que vous saurez ce que c'est que la musique allemande, et que vous comprendrez le caractère allemand. Il ne s'agit pas ici de fournir à tel ou tel virtuose, par tel ou tel passage brillant, l'occasion de s'attirer des bravos. Non ; tout est simple et naïf, et par cela même noble et élevé.

Placez maintenant les musiciens que vous venez d'admirer devant un grand public ou dans un salon, ils ne seront plus les mêmes : une sorte de sauvagerie, de timidité ne leur permettra pas de lever les yeux ; ils deviendront anxieux et craindront de ne pouvoir vous satisfaire ; ils s'informeront du genre artistique en faveur, et, par un manque de confiance en eux-mêmes, ils oublieront, tout honteux, leur naturel pour imiter rapidement un air qu'ils ne connaissent que par ouï dire. Ils s'efforceront timidement de vous donner eux aussi des morceaux brillants.

Les mêmes voix qui chantaient d'une manière si touchante le beau *lied* allemand s'exerceront bien vite aux fioritures italiennes. Mais ces « passages » et ces fioritures ne leur porteront pas bonheur ; car vous les avez bien entendus ailleurs, bien mieux exécutés, et ces maladroits vous ennuieront. Et pourtant, ces maladroits sont de véritables artistes, et dans leur cœur brille plus de flamme et plus de chaleur que n'en ont jamais répandu sur vous ceux qui enchantent vos élégants salons ? Qu'est-ce donc qui a gâté ces artistes ? — Leur trop grande modestie et une sorte de fausse honte. Voilà le côté triste de l'histoire de la musique allemande (1).

-----

(1) Ces douleurs et cette fausse honte ont été heureusement vaincues à notre époque. (Note de l'éditeur.)

La nature aussi bien que l'organisation de sa patrie créе à l'artiste allemand de dures entraves. La nature lui refuse une chose capitale — la voix légère, telle que nous la trouvons dans les gosiers italiens si heureusement doués ; l'organisation politique lui créе des difficultés pour se faire connaître universellement. Le compositeur d'opéra se voit donc forcé d'aprendre chez les Italiens le maniement des voix, et de chercher pour ses œuvres des scènes étrangères, car il n'en trouve pas en Allemagne sur lesquelles il puisse se faire connaître à toute la nation. Sur ce dernier point, on peut admettre que le compositeur qui exécute ses œuvres à Berlin reste déjà pour cela complètement inconnu à Vienne ou à Munich. Ce n'est que de l'étranger qu'il peut réussir à faire impression sur l'Allemagne entière. Ses œuvres ressemblent donc toujours à des productions provinciales, et si une grande patrie est déjà trop petite pour un artiste, à plus forte raison se trouve-t-il à l'étroit dans une province.

Certes le génie surmonte tous les obstacles, mais la plupart du temps c'est au prix de son indépendance nationale. Ce qui appartient vraiment en propre aux Allemands reste dans un certain sens toujours provincial. C'est ainsi que nous avons des chants populaires prussiens, autrichiens ou souabes et non un chant national allemand.

Si cette absence de centralisation est la cause qu'une œuvre musicale partout acceptée se produit rarement, elle explique aussi comment la musique a conservé chez les Allemands un caractère si intime et si vrai. C'est précisément parce qu'il n'y a pas là une Cour, autour de laquelle viennent se grouper toutes les forces artistiques de l'Allemagne, pour se guider ensuite, dans une même direction, vers un but grandiose, que nous voyons chaque province produire des artistes, qui cultivent dans leur indépendance leur précieux art. Il en résulte que la musique est partout répandue, jusque dans les plus petites localités, jusque dans les plus humbles chaumières.

On est souvent étonné et surpris des forces musicales que l'on rencontre réunies dans les villes les moins importantes de l'Allemagne. Si les chanteurs font souvent défaut pour l'Opéra, en revanche on trouve partout un orchestre, sachant jouer admirablement les symphonies. On peut espérer trouver dans les villes de 20 à 30,000 âmes deux et trois orchestres bien orga-

nisés (1), sans compter les innombrables dillettan-
tes, souvent aussi habiles musiciens, quand ils ne le
sont pas plus, que les artistes de profession.

Mais il faut savoir ce qu'on doit entendre par un
musicien allemand. Rarement le simple musicien
d'orchestre se borne à jouer de l'instrument pour
lequel il est momentanément engagé. On peut admettre en général que chaque musicien a la même
habileté sur trois instruments. Mais il y a plus :
souvent chacun d'eux est compositeur, et non pas
compositeur empirique, mais un musicien ayant
étudié à fond l'harmonie et le contre-point. La plupart des artistes d'un orchestre qui joue les
symphonies de Beethoven les savent par cœur ; de
cette trop parfaite connaissance, il résulte quelquefois une certaine présomption, dont l'action est
nuisible à l'exécution d'une pareille œuvre. En effet,
les musiciens s'occupent alors moins de l'ensemble ;
chacun prêtant plus particulièrement attention à la
partie qu'il exécute.

On peut donc dire, avec raison, que non-seulement

---

(1) Un de nos amis en a vu un exemple à Würtzbourg,
où en dehors de l'orchestre du théâtre, celui d'une société musicale et celui d'un séminaire se faisaient
entendre alternativement. *(Note de l'éditeur.)*

la musique en Allemagne compte des ramifications
jusque dans les classes inférieures de la société, mais
encore qu'elle y a peut-être même ses racines ; car
la haute société ne peut, sous ce rapport, être considérée que comme un élargissement de ce premier
cercle étroit. La musique allemande est réellement
chez elle, dans ces honnêtes et modestes familles,
car, en réalité, la musique est chez elle là où on
ne la considère pas comme moyen de briller, mais
bien comme un soulagement pour les âmes.

Dans un cadre aussi simple où il ne s'agit pas
de distraire un public nombreux et mélangé, l'art
dépouille naturellement l'accessoire et y apparaît
dans tout le charme de sa pureté et de la vérité. Ici,
ce n'est pas l'oreille seule qui veut être charmée ; le
cœur, l'âme viennent y chercher la vie. L'Allemand
ne veut pas seulement sentir sa musique, il veut la
penser ; il ne se laisse pas seulement charmer simplement les sens, il entend occuper son esprit. Et,
comme il ne lui suffit pas de percevoir la musique
par les sens, il se pénètre de son organisme intime ;
il étudie jusqu'au contre-point, pour comprendre
plus clairement ce qui l'attire si puissamment
et si merveilleusement dans les chefs-d'œuvre. Il
approfondit l'art et finit par devenir lui-même com-

positeur. Ce besoin se transmet de père en fils, et devient une partie essentielle de l'éducation.

L'Allemand apprend tout ce que la partie scientifique de la musique présente de difficultés dans son enfance, en même temps que les leçons ordinaires de l'école ; et, dès qu'il est en état de penser et de sentir par lui-même, il n'y a rien de plus naturel que de le voir enfermer la musique dans sa pensée. Loin d'en considérer l'exercice comme une simple distraction , il l'aborde religieusement comme la partie la plus sainte de sa vie.

Voilà comment il devient rêveur, et c'est cette rêverie intérieure pieuse, avec laquelle il comprend et exécute la musique, qui caractérise spécialement la musique allemande. C'est ce penchant, et peut-être aussi le manque de belles voix, qui poussent l'Allemand vers la musique instrumentale. Si nous admettons qu'il y a dans chaque art un genre qui représente celui-ci d'une manière plus originale et plus spéciale, c'est dans la musique, l'instrumentation. Dans tout autre branche, il intervient un second élément qui enlève au premier son unité et son originalité.

Par quels dédales ne faut-il pas passer, pour ar

river à comprendre la véritable tendance de la musique à la simple audition d'un opéra? Le compositeur, lui aussi, se voit obligé de porter atteinte aux règles de son art, et cela, pour un résultat d'une mince valeur artistique. Dans les cas heureux, où en toutes choses, l'art est largement associé à la musique, il en résulte un nouveau genre, dont la valeur classique et la profonde signification sont reconnues, mais, qui, de toutes façons, est d'un ordre inférieur à la musique instrumentale. En effet, l'indépendance de l'art se trouve sacrifiée dans l'opéra, tandis que dans la sy. phonie—la plus haute expression de l'art, le compositeur arrive à l'expression la plus parfaite de ses idées.

C'est dans la musique iustrumentale que l'artiste, libre de toute influence étrangère, est à même d'atteindre le plus sûrement à l'idéal de l'art ; c'est là qu'il peut mettre en œuvres les moyens qui appartiennent en propre à son art ; c'est là qu'il est forcé de rester dans son domaine.

Il n'y a donc rien d'étonnant que l'Allemand, rêveur, sérieux, profond, se livre plus volontiers à ce genre de musique qu'à tout autre ! Il se sent libre et comme chez lui là où il peut s'abandonner complétement à sa fantaisie rêveuse, là où l'individualité d'une passion définie et limitée n'entrave pas son imagination, là où il peut s'égarer librement dans le vaste domaine du sentiment.

Pour comprendre les chefs-d'œuvre de cette forme de l'art, il ne lui faut ni théâtres luxueux, ni chanteurs étrangers, ni décors féeriques. Un piano, un violon suffisent pour éveiller dans l'imagination les plus délicates, les plus ravissantes impressions ; chacun sait jouer de l'un de ces instruments, et, dans le plus petit endroit, on trouve un nombre suffisant d'artistes pour composer un orchestre en état de rendre les plus puissantes et les plus gigantesques créations. Serait-il d'ailleurs possible, même avec le plus luxueux concours des autres arts, de montrer quelque chose de plus magnifique, de plus grandiose, qu'un simple orchestre, exécutant une symphonie de Beethoven ? Assurément non ! Les plus riches décors ne peuvent rien produire d'aussi beau que l'exécution des chefs-d'œuvres de la symphonie.

La musique instrumentale est donc la propriété exclusive de l'Allemand ; c'est sa vie. c'est sa création ! Une des raisons principales du développement de ce genre se trouve, peut-être aussi dans cette timidité prudente et craintive, l'un des traits caractéristiques de l'Allemand ; c'est cette timidité qui défend à l'Allemand de produire à l'extérieur son art, pour lequel il professe un culte intime. Dans son jugement droit, il comprend que faire parade de son art le déshonorerait ; que sorti d'une source pure et éternelle, cet art ne peut que perdre au contact du monde.

L'Allemand ne communique pas aisément à la masse son ravissement musical, il préfère son entourage intime. Mais dans ce cercle étroit il s'abandonne librement. Il laisse couler sans contrainte des larmes de joie ou de douleur, et c'est pour cela qu'il s'y montre artiste dans le sens le plus complet du mot. Lorsque le cercle de la famille ou de l'intimité n'est pas nombreux, on fait de la musique sur un piano et un couple d'instruments à cordes ; on joue une sonate, un trio ou un quatuor, ou l'on chante le *lied* allemand à quatre voix.

Si ce cercle intime s'élargit, si le nombre des instruments augmente, on joue alors la symphonie. C'est ainsi que la musique instrumentale est sortie du cœur même de la vie de famille en Allemagne,

et que par cela même elle ne peut être ni appréciée
ni comprise par un public nombreux. Pour y
trouver le véritable, le suprême ravissement, réservé
aux initiés seuls , il faut pouvoir se laisser aller
à la rêverie , et encore ne se trouve-t-elle que
chez les vrais musiciens; on ne la rencontre pas
dans la masse du public avide de distractions. Toutes
choses qui seront accueillies, saluées par ce public
comme des épisodes piquants et brillants seront par
conséquent méconnues, et l'art le plus pur dans son
genre se trouvera assimilé aux arts les plus frivoles.

Nous allons maintenant démontrer comment
toute la musique allemande est fondée sur la même
base.

Dans ce qui précède j'ai indiqué pourquoi la musique vocale est beaucoup moins acclimatée en Allemagne que la musique instrumentale. La première,
prenant son origine dans la vie et dans les besoins
du peuple, a suivi une direction toute particulière.
Le plus grand et le plus puissant des genres de musique a souvent une analogie frappante avec les
chants populaires profanes, tout en conservant un
caractère naïf et religieux. Mais les riches et puissantes harmonies par lesquelles les Allemands sou-

tiennent les mélodies du choral prouvent le sentiment profondément artistique de la nation. Ce choral
qui est en lui-même une apparition des plus remarquables dans l'histoire de l'art, doit être considéré
comme base de toute la musique religieuse protestante :
l'artiste est parti de là pour créer de nouvelles œuvres plus importantes. Les motets doivent être regar-
dés comme le premier développement du choral. Ces
compositions ont pour origine les mêmes chants d'é-
glise que les choraux ; ils étaient exécutés par des
voix seulement sans accompagnement d'orgue. Les
œuvres les plus remarquables que nous ayons en ce
genre sont celles de Sébastien Bach, le plus grand
des compositeurs de musique sacrée protestante.

La musique dramatique n'atteint pas en Allemagne la hauteur et le développement original échus en
partage à la musique instrumentale. La musique
vocale allemande a brillé de tout son éclat dans l'é-
glise ; l'opéra ayant été abandonné aux Italiens. La
musique religieuse catholique, elle-même, est d'origine étrangère, en Allemagne, où la musique religieuse protestante est exclusivement cultivée. La
raison en est dans la simplicité des mœurs allemandes, qui s'accommodent bien moins de la pompe
ecclésiastique du catholicisme, que de l'exercice

plus simple du culte protestant. Cette pompe du culte catholique fut empruntée à l'étranger par les princes et par les Cours. Tous les Allemands compositeurs de musique sacrée catholique ont plus ou moins imité les Italiens. On se contenta, dans les vieilles églises protestantes, du simple choral, chanté par toute l'assistance et accompagné par l'orgue. Ce chant, dont la noblesse, la pureté et la simplicité ne pouvaient jaillir que de cœurs vraiment pieux et simples, peut et doit être considéré comme appartenant en propre et exclusivement à l'Allemagne. A la vérité, la composition artistique du choral a tout à fait le caractère de l'art allemand ; les mélodies courtes et populaires du choral font foi des dispositions populaires pour le *lied*.

Les motets de S. Bach s'exécutent à l'église comme le choral, avec cette différence qu'en raison de leur difficulté d'exécution, ils ne sont pas chantés par l'assistance, mais par un chœur spécial. Ils restent sans contredit, ce que nous possédons de plus parfait en musique purement vocale A côté de l'emploi de l'art le plus profond, il règne toujours dans ces écrits une conception simple, puissante, souvent hautement poétique du texte interprété dans le sens purement protestant. Aussi la perfection de la forme de ces œuvres est-elle si grande et si complètement originale, que nulle apparition artistique ne pourra les dépasser.

Nous trouvons cependant ce genre encore élargi et agrandi dans les grandes œuvres de *la Passion* et dans les Oratorios. La musique de *la Passion*, qui appartient presque exclusivement au grand Sébastien Bach, est basée sur l'histoire de la Passion du Sauveur, d'après l'Evangile : le texte tout entier en est traduit mot à mot ; en outre, à chacune des divisions de l'histoire, on a intercalé les versets correspondants du chant d'église, et, aux endroits principaux, le choral lui-même, chanté par les fidèles.

L'exécution de cette musique de *la Passion* constituait donc une grande fête religieuse. à laquelle les artistes et l'assistance prenaient une part égale. Quelle richesse, quelle concentration d'art, quelle vigueur, quelle clarté, quelle pureté jaillit de chacun de ces chefs-d'œuvre ! Toute la vie, toutes les qualités de la nation allemande est en eux et l'on peut l'admettre d'autant mieux, que je crois avoir déjà dit comment ces grandioses productions artistiques étaient sorties du cœur et des mœurs du peuple allemand.

La musique religieuse doit son origine et son

épanouissement aux aspirations du peuple. Mais jamais un besoin analogue ne s'est manifesté chez les Allemands pour la musique dramatique. Dès son apparition en Italie, l'opéra avait pris un caractère si sensuel, si luxueux, que l'Allemand sérieux et sentimental n'éprouva jamais le besoin d'en jouir. L'opéra, grâce aux ballets et aux décors, était bientôt devenu l'occasion d'un plaisir voluptueux pour les Cours; si bien qu'en fait, pendant les premiers temps ce genre ne fut prisé et protégé que par elles.

Mais comme les Cours en général, et également les Cours allemandes, étaient complètement séparées et isolées de la nation, leurs plaisirs ne pouvaient pas naturellement être du peuple. Aussi pendant presque toute la durée du siècle dernier, voyons-nous l'opéra considéré en Allemagne comme un genre complètement étranger. Chaque Cour avait sa troupe italienne qui chantait les opéras des musiciens de la péninsule; car à cette époque on ne pouvait pas se figurer d'opéra chanté autrement qu'en italien et par des Italiens.

Le compositeur allemand qui voulait faire un opéra, devait apprendre la langue italienne, et la manière de chanter des Italiens; on pouvait donc le considérer comme entièrement dénationalisé au point de vue de l'art. Néanmoins, les Allemands obtenaient souvent le premier prix dans ce genre. La faculté, particulière au génie allemand, de se prêter universellement à toutes choses, facilita cette tâche aux artistes allemands, et leur permit de s'acclimater sur un terrain étranger. Nous voyons avec quelle rapidité les Allemands s'assimilaient ce que l'originalité nationale de leurs voisins avait créé ; leur génie propre prenait son essor de ce nouveau point de départ pour étendre ses créations bien au-delà des étroites limites de leur nationalité première.

Le génie allemand paraît destiné, pour ainsi dire, à prendre chez ses voisins tout ce qu'il n'a pas créé, pour en agrandir ensuite la sphère d'action étroite, et la faire rayonner sur le monde entier. Naturellement, c'est là une tâche que celui-là seul peut remplir qui ne s'est pas contenté de s'introduire dans une nationalité étrangère mais qui a conservé pur et intact l'héritage de sa naissance allemande. Cet héritage c'est la pureté du sentiment, la chasteté de la conception. Quand il conserve ce don, l'Allemand doit pouvoir sous tous les climats, dans toutes les langues et chez tous les peuples, produire ce qu'il y a de plus parfait. C'est ainsi que nous voyons un Allemand éléver l'école italienne de l'opéra jusqu'à l'idéal le plus parfait, et la faire connaître à ses compatriotes, ennoblie, élargie, universalisée. Cet Allemand, ce grand, ce divin génie, ce fut Mozart. En lisant l'histoire de l'éducation, du développement et de la vie de ce seul Allemand, on lira l'histoire de tout l'art allemand, de tous les artistes allemands. Son père était musicien ; il fut donc élevé pour la musique, vraisemblablement dans le simple but d'en faire un honnête musicien gagnant son pain avec son art.

Dans sa plus tendre enfance, il apprit la partie la plus difficile de la science. Encore bien jeune, il en devint complètement maître. Un caractère doux et enfantin, et surtout des sens délicats lui permirent de s'assimiler profondément son art ; le génie le plus vaste l'éleva au-dessus de tous les maîtres, dans tous les arts, et dans tous les siècles. Pauvre jusqu'au dénûment, pendant sa vie, repoussant modestement les propositions les plus avantageuses et même les plus magnifiques, il portait déjà, sur les traits du visage le type accompli de sa race. Réservé jusqu'à la timidité, désintéressé jusqu'à l'oubli de lui-même, il produisit les œuvres les plus étonnantes, laissant à la postérité des trésors inestimables, sans croire qu'il fît autre chose que céder à son génie créateur. Aucune histoire de l'art ne présente une figure à la fois aussi touchante et aussi majestueuse.

Mozart réunissait au plus haut degré les facultés universelles dont se trouve doué le génie allemand, comme je l'ai déjà dit. Il s'assimila un art étranger pour le généraliser. Ses opéras furent écrits en langue italienne, parce qu'à cette époque cette langue était disait-on la seule qui se prêtât au chant, mais il se débarrassa si complètement de toutes les faiblesses de la manière italienne, il ennoblit à tel point ses qualités, il la fondit si complètement avec la vigueur et l'énergie allemandes dont il était pénétré, qu'il finit par créer quelque chose de complètement nouveau. Sa première création fut la plus belle, la plus idéale floraison de la musique dramatique. C'est à partir de cette date que l'opéra put être considéré comme naturalisé en Allemagne. A cette époque aussi s'ouvrirent les théâtres nationaux, pour lesquels on écrivit des opéras en langue allemande.

Pendant l'éclosion de cette grande époque, pendant que Mozart et ses prédécesseurs créaient ce nouveau genre, né en partie de la musique italienne, il se préparait d'un autre côté, une musique théâtrale nationale; c'est de la fusion de ces deux genres qu'est sorti le véritable opéra allemand. L'élément germanique était représenté par des saynettes chantées telles qu'elles s'étaient produites loin de l'éclat des Cours, au milieu du peuple, s'inspirant de ses mœurs et de ses coutumes. Ces pièces chantées, ou opérettes, avaient une analogie incontestable avec le vieil opéra-comique français.

Les sujets de la pièce étaient pris dans la vie populaire, et représentaient, les mœurs des classes inférieures. Ils étaient, surtout, d'un caractère comique, d'un esprit vif et naturel. Vienne peut être regardée comme la véritable patrie de ce genre. C'est dans cette capitale qu'il s'est le plus acclimaté; une grande naïveté chez ses habitants leur faisait toujours préférer ce qui était le plus compréhensible pour leur esprit si naturel et si gai. C'est également à Vienne, que les pièces nationales prirent leur plus grand développement.

Le compositeur s'y bornait la plupart du temps à des *lieder* et des ariettes; toutefois on y rencontrait déjà des morceaux d'une musique caractéristique, comme par exemple, dans le délicieux *Barbier de Village*. Ce genre eût avec le temps pris de plus grands développements, mais il devait disparaître en se fondant dans la grande musique d'opéra. Il avait atteint néanmoins, réduit à ses seules ressources, une certaine importance ; et l'on voit avec étonnement, qu'à l'époque où les opéras italiens de Mozart étaient, à leur apparition, traduits en allemand et représentés devant le public national, l'opérette devenir plus luxueuse, en prenant pour sujets des légendes populaires et les contes fantastiques qui plaisaient davantage à l'imagination allemande.

Enfin, un fait décisif eut lieu. Mozart lui-même se laissait aller au courant national vers l'opérette allemande, et composa, dans cet esprit, le premier grand opéra allemand : La *Flûte enchantée*. L'Allemand ne saurait trop estimer l'heureuse et féconde influence de cette œuvre. Jusque-là, l'opéra allemand n'existait pour ainsi dire pas. Il a pris naissance avec elle.

L'auteur du livret et le directeur du théâtre ne croyaient pas représenter autre chose qu'une grande opérette en donnant la *Flûte enchantée*. Aussi l'œuvre prit-elle, au début, un caractère des plus populaires. Son point de départ, une fable fantastique, et de merveilleuses apparitions féeriques, mêlées à un fort élément comique, contribuèrent à son succès. Mais quel édifice Mozart a élevé sur ces assises féeriques ! Quel divin enchantement flotte sur toute cette œuvre, depuis la chanson populaire jusqu'à l'hymne le plus élevé ! Quelle variété, quelle diversité ! La quintessence des plus nobles floraisons de l'art paraît être ici combinée et réunie pour ne former qu'une fleur. Quel accent populaire naïf, spontané, en même temps que noble dans chaque mélodie, depuis la plus simple jusqu'à la plus puissante !

Par ce fait, le génie a marqué ici un pas de géant presque trop grand ; car, en créant l'opéra allemand, il produisait son chef-d'œuvre, et si complet qu'on ne l'égalera jamais, dans ce genre qui ne peut être ni agrandi, ni même continué. Nous voyons, il est vrai, l'opéra allemand revivre, mais en même temps nous le voyons reculer ou s'affaisser avec la même rapidité qu'il s'était élevé, et cela au niveau le plus bas. On peut considérer Winter et Weigl comme les imitateurs directs de Mozart, dans le genre. Tous deux se sont strictement tenus à l'opéra populaire allemand. Le premier, dans sa *Famille suisse*, le second dans son *Sacrifice interrompu*, ont montré combien le compositeur allemand sait s'acquitter dignement de sa tâche. Néanmoins l'idée générale de Mozart se perd déjà dans les détails chez ces premiers imitateurs, ce qui explique clairement comment l'opéra allemand ne devait jamais prendre un grand essort au point de vue national. Le caractère particulier et populaire des rythmes et des mélodies disparut peu à peu jusqu'à perdre toute signification ; l'indifférence complète des compositeurs dans le choix de leurs sujets prouve, plus que toute autre chose, combien peu ils étaient propres à porter bien haut l'opéra allemand.

Nous voyons, cependant, le drame musical national revivre une fois encore. A l'époque où le génie tout-puissant de Beethoven inaugurait dans sa musique instrumentale le règne du romantisme le plus hardi, un rayon de lumière, sorti de ce domaine enchanteur, s'étendit encore sur l'opéra allemand. Ce fut Weber qui rappela dans la musique théâtrale la chaleur de la vie. Dans son œuvre la plus populaire, — *Le Freischutz*, — Weber touche au cœur même du peuple allemand. Une légende allemande, une fable effrayante, mirent là le poëte et le compositeur en contact diréct avec la vie populaire allemande. Le vif et simple *lied* allemand, base de l'œuvre, ressemble à une grande et émouvante ballade, parée des plus nobles ornements d'un romantisme charmant ; il exprime de la manière la plus saisissante le caractère plein de fantaisie de la nation allemande.

La Flûte enchantée de Mozart comme *le Freischutz* de Weber ont clairement démontré, que, dans ce genre, le drame musical allemand est chez lui, mais qu'au-delà il rencontre des entraves. Weber lui-même dut le constater lorsqu'il voulut pousser l'opéra allemand plus loin. Son *Euryante*, malgré toutes ses belles qualités, doit être considérée comme une tentative avortée. Lorsque Weber a voulu s'élever dans une sphère plus élevée et y exprimer des passions plus puissantes, ses forces l'ont abandonné. C'est timidement et sans confiance qu'il entreprit la tâche trop lourde de représenter par quelques caractères isolés, tracés sans assurance , ce qui ne pouvait être exprimé que dans un grand ensemble, par quelques larges traits. Il perdit par là son naturel et resta impuissant (1). On dirait d'ailleurs que Weber sentait qu'il avait sacrifié là sa nature chaste ; dans *Obéron* il revint encore une

---

(1) Je pense qu'avec le temps mon ami aura appris à s'exprimer à ce sujet avec plus de circonspection.

(Note de l'éditeur).

2.

fois, mais déjà souriant tristement à la mort, vers la charmante et gracieuse muse de sa jeunesse.

Spohr essaya, à côté de Weber, de s'emparer de la scène allemande, mais il ne put jamais arriver à la popularité de Weber. La vie dramatique qui doit de la scène agir sur les auditeurs faisait trop complètement défaut à sa musique. On peut dire que les productions de ce maître sont pleinement allemandes, car elles parlent profondément et d'une manière touchante aux sentiments intimes de l'âme. Il lui manque complètement, toutefois, cette gaieté naïve si particulière à Weber et sans laquelle la musique dramatique aussi bien que l'action deviennent trop monotones.

On peut considérer Marschner comme le dernier et le plus important des successeurs de ces deux maîtres. Il toucha aux cordes que Weber avait fait vibrer, et acquit rapidement par là une certaine popularité. Malgré tout le courage dont il était animé, les forces manquaient à ce compositeur pour maintenir à son rang l'opéra populaire allemand, si brillamment ressuscité par ses prédécesseurs, surtout en présence des productions de la nouvelle école française, qui faisait des progrès rapides dans l'admiration enthousiaste de la nation allemande.

Par le fait, la nouvelle musique dramatique française a porté à l'opéra populaire allemand un coup fatal si décisif, qu'on peut le considérer comme n'existant plus. Il faut parler avec détails de cette dernière période non-seulement parce qu'elle a exercé une puissante influence sur l'Allemagne, mais aussi parce qu'il semble aujourd'hui que l'Allemand finira par y dominer.

Cette période remonte à Rossini. Avec une légèreté hardie permise à son seul génie, il renversa tout ce qui restait de la vieille école italienne, réduite déjà, d'ailleurs, aux formes d'un squelette. Son chant joyeux et plein de verve se répandit sur le monde ; ses qualités, la facilité, la fraîcheur et la richesse de la forme, prirent de la consistance chez les Français. Les tendances rossiniennes y revêtirent plus de caractère, en même temps qu'elles s'y perpétuèrent dans leur génie national, sous des dehors plus sérieux. Indépendamment de cette influence, et dans un esprit tout à fait national, les maîtres français produisirent, alors, ce qu'on peut citer de meilleur dans l'histoire artistique du peuple français. Les qualités, le caractère enfin de la nation s'exprimèrent dans leurs œuvres. Les aimables sentiments chevaleresques de la vieille France rayonnent dans *Jean de*

Paris, le charmant opéra de Boïeldieu. La vivacité, la grâce, l'esprit et l'âme des français fleurissent dans l'opéra-comique, ce genre qui est si pleinement, si exclusivement le leur.

La musique dramatique française atteignait son *summum* dans l'incomparable *Muette de Portici* d'Auber, — une œuvre nationale, comme chaque nation peut tout au plus, en montrer une.

Cette impétueuse énergie, cette mer d'impressions et de passions, peintes avec les plus chaudes couleurs, traversée par les mélodies les plus originales, ce mélange de grâce et de force, de charme et d'héroïsme, n'est-ce pas la plus complète personnification de la nation française ? Et cette étonnante œuvre d'art pouvait-elle être produite par tout autre que par un Français ? On ne peut dire autre chose si ce n'est que, par cette œuvre, la nouvelle école française arrive à son apogée, et qu'elle acquiert par là « l'hégémonie » du monde civilisé (1).

Comment s'étonner alors, que l'Allemand si impartial et si hospitalier n'ait pas tardé à reconnaître avec un enthousiasme sans bornes l'excellence des

____

(1) Méphistophélès : « Vous parlez déjà presque comme un Français ! »   *(Note de l'éditeur.)*

productions de son voisin. Car l'Allemand sait être plus juste, en général que bien d'autres peuples. En outre, ces œuvres étrangères répondaient à un besoin impérieux. Il faut reconnaître que la musique dramatique ne se développa pas toute seule en Allemagne. C'est sans doute la même raison qui empêche la tragédie allemande d'atteindre son plein épanouissement. Mais c'est aussi pour cela qu'il est plus facile à un Allemand qu'à tout autre de conduire au sommet le plus élevé un genre artistique de nationalité étrangère et de lui donner une valeur universelle.

Quant à la musique dramatique, nous pouvons admettre qu'actuellement il n'y en a qu'une seule pour l'Allemand comme pour le Français. Que leurs œuvres respectives se produisent, d'abord, dans l'un ou l'autre des deux pays, il importe peu. Le fait que les deux nations se tendent la main et se prêtent mutuellement leurs forces, prépare l'une des plus grandes époques de l'art. Puisse cette belle alliance n'être jamais rompue ! Car il est impossible d'imaginer une union fraternelle entre deux peuples dont les résultats artistiques puissent devenir plus grands, plus complets pour l'art que l'alliance des Allemands et des Français. Le génie de chacune de ces deux nations se complète l'un par l'autre.

RICHARD WAGNER.
(Traduit de l'allemand).

—

Après avoir écouté, sans l'interrompre, M. Richard Wagner, il ne nous paraît pas inutile de reprendre quelques-unes de ses opinions. L'auteur du *Tannhauser* commence par déclarer, sans hésiter (les esprits faux n'hésitent jamais), que « l'Allemand seul a le droit d'être exclusivement désigné comme musicien. » A l'entendre, l'Allemand seul aime, écoute et comprend la musique. Elle est faite pour lui et lui fait pour elle. Seul, il pense en musique ! Il naît compositeur comme M. Jourdain prosateur, sans le savoir, sans le vouloir et malgré lui. C'est dans sa nature. Il devient contre-pointiste au biberon !

Sauf les chanteurs, assez rares en Allemagne — M. Wagner en convient — tout ce qui tient à la musique serait sorti des entrailles de ce pays fortuné. Il n'y aurait de vraie science et de vrai génie que là, selon notre auteur.

Heureusement l'histoire se charge de désabuser M. Wagner sur ce point ; nous allons le montrer.

En ce qui concerne la science, on sait, en effet, que la Hollande et la Belgique ont vu naître les premiers contrepointistes, et leurs successeurs sont Italiens autant qu'Allemands. Les premiers se montrent même supérieurs aux seconds par la clarté et la pureté du style. C'était l'opinion de Cherubini, et elle fait loi.

Notre grand Rameau, comme théoricien, n'a rien non plus à envier aux savants allemands. Et n'est-ce pas se moquer du monde, et surtout de la vérité, que de ne considérer la vieille et illustre école italienne que comme une collection de chanteurs et de virtuoses ?

Comment ces maîtres savants et sévères qui se nomment Palestrina, Vittoria, Marcello, Durante, Scarlati, Leo, Porpora — le maître de Haydn — Lulli, Piccini, Sacchini, Salieri ne seraient que des virtuoses ? Et Cherubini, l'auteur du *Requiem* en *ut mineur*, celui auquel Beethoven écrivait : « Vous êtes de tous mes contemporains celui que j'estime le plus », ne serait donc également qu'un virtuose ?

Enfin d'aussi grands artistes auraient, selon vous,

écrit tant d'œuvres superbes, dans le goût le plus noble, pour un peuple qui n'eût pas aimé, compris la musique, qui n'en eût fait qu'un « délassement frivole? » Mais qui donc croira cela?

Oui, l'Allemagne occupe une place considérable dans l'histoire de la musique, et même la première, le fait est hors de doute, dans le genre symphonique. Mais si l'Allemand aime et comprend la musique, il ne s'ensuit pas qu'il faille nier à d'autres peuples les aptitudes musicales. Passer sous silence ce que l'Italie a produit dans ce grand art, c'est fermer les yeux à la lumière du soleil, et n'envisager la musique italienne qu'à travers les boufonneries de l'école napolitaine et les brutalités de M. Verdi.

Prétendre aussi que l'Allemand traite toujours la musique en chose sainte, c'est oublier les théâtres et les tavernes où elle ne se montre que sous les formes les plus vulgaires. Cette peste qui nous a gangrenés — l'*offenbachisme*, puisqu'il faut l'appeler par son nom, — ne nous est-elle pas venue d'Allemagne, et de l'austère Prusse encore? N'ai-je pas connu, au-delà du Rhin, de braves gens qui n'aimaient et ne comprenaient que les valses de Strauss ou de Lahner! Et ces fameux « pots-pourris » que M. Wagner nous reproche dans son chapitre sur l'*Ouverture,* combien n'en avons-nous pas vu fabriquer en Allemagne, où on les exécute chaque jour — et cela sans respect pour les plus belles choses de l'art !

M. Wagner se tromperait-il naïvement quand il affirme que « l'Allemand, seul, aime la musique pour elle-même, et non pour y briller et gagner de l'argent ? » La naïveté n'étant pas son fait, je pense plutôt qu'il a voulu rire. Qui ne sait, en effet, que les correspondances des musiciens allemands, à commencer par les lettres de Weber, sont remplies de détails sur le produit de leurs concerts, de leurs publications, sur le prix de leurs symphonies, de leurs sonates vendues à tel ou tel éditeur de Paris ou de Londres ? Et les « réclames » dont ils se montrent si avides, que ce pauvre Weber rédigeait sur ses propres œuvres et qu'il envoyait à ses amis pour les insérer dans les gazettes, qu'en dites-vous ? Et cette terrible nuée de virtuoses en *man, berg, er, bach,* etc., qui, depuis quarante ans, s'abattent sur le monde entier, donnant des concerts, précédés de Barnums chargés de préparer les recettes, et de tresser d'avance les couronnes, aurait-on la prétention ridicule de nous les présenter comme « ne sachant pas même comment s'y prendre pour faire leur fortune » et comme exclusivement préoccupés de l'amour de l'art ? Après cela, dire que le désintéressement est un signe caractéristique du musicien allemand, n'est qu'une risible plaisanterie, bonne pour des niais.

Le titan Gluck, en matière de traités avec les directeurs, en eût remontré à Meyerbeer lui-même, et ce n'est pas peu dire ! M. Wagner, en nous assurant que « l'Allemand compose sans souci de ce que deviendra son œuvre, » ne peut avoir la prétention de se peindre. Comblé de faveurs et d'argent, abrité dans un charmant châlet aux bords du lac de Lucerne, hommage du roi de Bavière, et bientôt à Beyreuth, dans une maison construite avec les souscriptions de quelques fanatiques, il ne nous représente nullement « l'Allemand rêveur » négligent de sa fortune. Et qui donc ignore que chez M. Wagner, le talent de l'homme d'affaires est au niveau du talent de l'artiste ?

Nous en sommes fâchés pour l'auteur du *Tannhauser*, prodigue de menées, d'ingratitudes et de perfidies où le culte de l'art n'a rien à voir, mais ce désintéressement qu'il nous donne comme l'apanage du musicien allemand, c'est surtout en France qu'on le trouve. Chez nous, le compositeur ne doit compter que sur ses propres forces, car il y a bien longtemps que les princes, chassés par les précurseurs de la Commune, et les grands seigneurs ruinés par la Révolution lui font défaut. Il lutte envers et contre tout ; contre un public qui, en général, ne croit pas à son génie, qui lui préfère, aujourd'hui, la musique allemande, comme naguère il lui préférait l'italienne ; il lutte contre l'ignorance des directeurs de théâtres, subventionnés pour faire progresser l'art, et qui, en réalité, ne font progresser, trop souvent, que leur fortune ; il lutte contre les éditeurs, livrés à l'*offenbachisme* au *verdisme* et au *schumanisme*.

Oui, s'il est, en Europe, des artistes qui écrivent réellement par amour de l'art, ce sont assurément les compositeurs français auxquels on n'offre ni villas pour leurs personnes, ni théâtres pour leurs œuvres. Mais tel est l'esprit prussien, qu'il n'y a de bien dans le monde, que ce qui sort de lui. Nos lettres, nos sciences, nos arts, en un mot tout ce qui est étranger à son sol, n'acquiert à ses yeux qu'une valeur relative. Les Allemands ont même inventé un Dieu pour eux tout seuls : *Ihrer alte deutsches Gott !* Et quel bon Dieu complaisant il fait !

La préoccupation constante de M. Wagner, dans son livre, est d'octroyer à l'Allemagne la suprématie dans la musique. Pour lui, Sébastien Bach est le plus grand compositeur de musique sacrée protestante, et la musique protestante la meilleure, la première de toutes. Il en fait, en outre, une sorte de réformateur. Je me permettrai de demander à M. Wagner ce que S. Bach a réformé, de 1685 à 1750, époque de sa mort ? Ce n'étaient certes pas les compositions qui préparèrent son œuvre ; car la langue de Bach ne diffère pas autant de celle de ses précurseurs que M. Wagner semble le croire. Ses contemporains — Graun, avec moins de génie et Hændel, son égal—ont composé pour ainsi dire avec les mêmes essences musicales ; et leur soi-disant musique protestante ne diffère en rien de leurs œuvres profanes. Parfois, elles se distinguent par des nuances, dans l'ordre du sentiment, mais non dans le langage ou dans le style. La science du contre point en forme la commune base.

Il n'en pouvait être autrement à cette époque, où les grands musiciens dans toute l'Europe étaient avant tout contrepointistes . La musique sacrée de l'école italienne d'alors se caractérise dans certaines parties qui tiennent à la race, certainément, et au catholicisme peut-être ; et c'est ce que pense M. Wagner, quoiqu'il ne le dise pas.

Mais les œuvres catholiques des Palestrina, des Vittoria, des Marcello, des Durante avaient-elles donc besoin de la réforme des maîtres allemands ? L'histoire nous prouve le contraire, puisque Haydn, un véritable novateur celui-là, fut demander à l'Italie l'art de dégager le chant du lourd et monotone mécanisme de la fugue et que, Mozart suivit son exemple.

Quant à cette assertion que « la musique protestante est à l'exclusion de toute autre cultivée en Allemagne, » elle est absolument fausse. M. Wagner qui a dirigé la « chapelle » catholique de Dresde le sait aussi bien que nous.

La musique dite protestante fut, au point de vue de la forme, ce qu'elle pouvait être au temps des Bach, des Graum et des Hændel, une manifestation de l'art religieux dans la langue d'alors. Il en fut de même des œuvres religieuses des vieux maîtres de l'Italie ; Allemands et Italiens écrivaient leurs chefs-d'œuvre avec les moyens et les principes de leur époque et sans penser, je crois, à se livrer bataille.

Malgré les observations que nous croyons devoir faire à M. Wagner, la dernière partie de son travail sur la musique en Allemagne est fort intéressante. Ce qui la gâte, c'est cette constante préoccupation chez l'auteur de tout sacrifier au génie de sa nationalité.

Nous serons plus juste que lui en reconnaissant que le passage de son livre sur Mozart, élevant, comme il le dit, « l'école italienne de l'Opéra jusqu'à l'idéal le plus parfait, » est remarquable. Mais M. Wagner prouve encore là, combien nous avons raison de prétendre que l'art musical doit une somme égale de progrès à la race allemande et à la race italienne. M. Wagner en ne l'avouant pas, fait suspecter sa bonne foi . Nous ne lui passerons pas non plus cette phrase : « Mozart, en s'assimilant l'art italien, sut ennoblir ses qualités. » Il nous permettra de lui répondre qu'il existe chez Cimarosa, contemporain de Mozart, des qualités de premier ordre. Certains fragments du *Matrimonio segreto*, par exemple, le quatuor *Sento in petto un freddo gelo;* l'air *Pria che spunti in ciel l'aurora,* le récitatif de Carolina — *Come tacer lopoi se in un ritirio* sont des pages qui ne pouvaient être ennoblies même par Mozart.

Les critiques de l'auteur de *Lohengrin* sur Weber sont à enregistrer. « Il n'a pu atteindre les sphères élevées de l'opéra allemand. *Euryante*, malgré ses belles qualités, reste une tentative avortée. » Telle est l'opinion de M. Wagner, que nous ne sommes pas éloigné de partager, si l'on se place au point de vue exclusif du drame.

Mais là où M. Wagner nous plonge dans l'étonnement, c'est lorsque, revenant à Mozart, il s'emporte dans des éloges inaccoutumés sous sa plume. « La *Flûte enchantée*, dit-il, c'est la quintescence des plus nobles floraisons de l'art. »

Comme nous voilà loin de ce qu'il écrivait, en 1860, dans la préface de ses quatre poëmes d'opéras. Lisez plutôt : « Mozart, qui se rapprochait de la conception mélodique italienne, était retombé plus d'une fois, on peut même dire habituellement, dans l'usage des phrases banales ; elles nous montrent fréquemment ses périodes harmoniques sous un aspect pareil à celui de la musique de table. »

On le voit, autre temps, autres opinions. Les éloges remontent à la jeunesse de l'auteur de *Rienzi* ; les critiques jalouses et irrévérencieuses pour un maître immortel éclatent à l'âge mûr de l'auteur de *Lohen-grin*.

M. Wagner termine le chapitre que nous venons de parcourir, par quelques compliments à la France. Il pense qu'un jour il lui sera donné de nous offrir la représentation de l'un de ses opéras, et il veut se réserver nos faveurs. Il coquette donc avec nous et constate nos progrès en musique, louant notre opéra-comique, notre « genre original. » M. Wagner veut bien appeler les compositeurs français, à une douce confraternité, et à concourir avec les Allemands « à la préparation de l'une des plus grandes époques de l'art. » C'est une amorce.

Le *Tannhauser* n'avait pas encore fait sa chute éclatante sur la scène de l'Opéra de Paris, lorsque M. Wagner nous décernait ces éloges, en nous assurant de sa bienveillante sympathie. Mais depuis, dans une brochure, publiée en Belgique, il nous traite de Turc à More et de « singes doublés de tigres. »

Comme chez tous les esprits de son espèce, la contradiction abonde dans ses écrits ; et sa critique offre un curieux amalgame de jugements qui jurent de se trouver rapprochés. Malgré son érudition, qui devrait l'éclairer, il soutient les thèses les plus dis-cordantes, et les plus absurdes parce que, chez lui, la passion et souvent la mauvaise foi l'emportent sur le respect qu'un critique doit à la vérité.

On retrouve, d'ailleurs, dans la musique de M. Wagner, le même parti-pris que dans ses livres, certaines qualités de même ordre et aussi tous ses défauts. Son but principal est toujours et partout de produire de l'effet. La raison, le sentiment, le naturel disparaissent devant cette nécessité, ce penchant ir-résistible de son caractère. Il étonne son auditeur et le plus souvent avec des idées de mince valeur. On l'a dit : « C'est le défaut de beaucoup de gens de croire que des choses communes peuvent recevoir un caractère nouveau par des expressions obscures. »

Il y a chez M. Richard Wagner un côté Fonta-tanarose qui dégoûte de l'artiste.

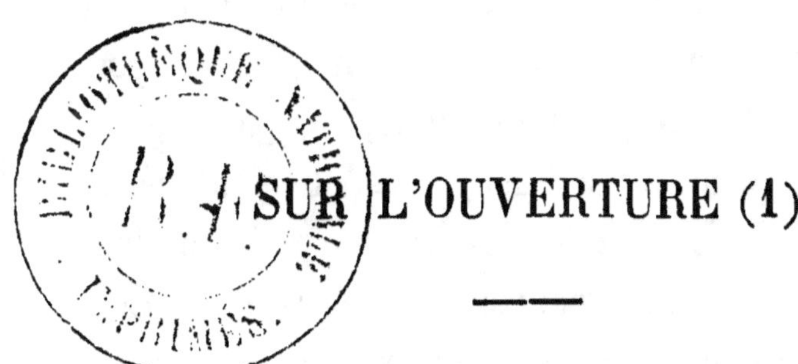

SUR L'OUVERTURE (1)

Les pièces de théâtre étaient autrefois précédées d'un prologue ; il paraît qu'on jugeait trop hardi de transporter subitement les spectateurs, des impressions de la vie quotidienne en plein monde idéal. Aussi jugea-t-on prudent de préparer cette transition par une introduction qui, par son caractère, se rattachait déjà à la nouvelle sphère de l'art. Ce prologue s'adressait à la puissance d'imagination du spectateur, faisait appel à sa collaboration pour produire l'illusion désirée, racontait brièvement les événements antérieurs, et donnait un rapide aperçu des faits qui allaient suivre.

Lorsqu'on mettait toute la pièce en musique, comme dans l'opéra, on aurait dû logiquement faire chanter aussi ce prologue. Au contraire, on fit exé-

---

(1) Fragment traduit de l'allemand, par l'auteur de ce volume, d'après les œuvres complètes de M. Richard Wagner : *Gesammelte Schriften und Dicchtungen*, 3e volume, chez l'éditeur Fritzch. Leipzig. 1861.

cuter par l'orchestre, seul, un morceau de musique à titre d'introduction, et ce morceau ne pouvait pas répondre au but original du prologue, parce qu'à cette époque primitive la musique instrumentale pure n'était pas encore assez développée pour exécuter une pareille tâche d'une manière caractéristique. Ces morceaux de musique ne paraissaient avoir pour le public aucune autre signification que de lui annoncer qu'on allait chanter ce jour-là.

Si l'insuffisance de la musique instrumentale de l'époque ne suffisait pas pour expliquer naturellement ce caractère des ouvertures primitives, on pourrait peut-être supposer que l'ancien prologue ne devait pas être imité puisque l'on reconnaissait sa tendance incolore et antidramatique. De toutes façons, il est certain que l'ouverture n'était employée que comme moyen conventionnel de transition; mais elle n'était pas considérée comme un avant-propos vraiment caractéristique du drame. Ce fut déjà un progrès, lorsqu'on en arriva à indiquer par l'ouverture le caractère général de la pièce, en un mot si elle était triste ou gaie. L'ouverture du *Messie* de Hændel prouve, d'ailleurs, que ces introductions musicales ne peuvent être considérées comme des préparations pour l'intelligence de la pièce.

Certes, nous devrions considérer cet auteur comme bien incapable si nous admettions qu'en composant cette pièce d'harmonie il avait en vue une véritable introduction à son œuvre dans le sens complet du mot. Le libre développement de l'ouverture, comme pièce d'harmonie spécifiquement caractéristique, était interdit à ces compositeurs, qui étaient exclusivement limités à l'emploi de l'art du contrepoint pour allonger une phrase purement instrumentale. La « fugue », qui par ses formes compliquées était seule à leur disposition, leur servait de prologue pour l'oratorio comme pour l'opéra, et l'auditeur devait arriver à en comprendre seul le sens exact, allongement et abréviation, transposition et déduction étroite.

La grande stérilité de cette forme paraît avoir fait comprendre aux musiciens la nécessité d'employer et de composer la symphonie à l'aide de types différents réunis ensemble. Deux phrases d'harmonie, rapidement mouvementées, étaient ici interrompues par une expression lente et douce, et par ce moyen, les principaux caractères du drame mis en opposition pouvaient s'exprimer d'une manière sensible. Mais il fallait le génie d'un Mozart pour créer dans cette forme un chef-d'œuvre pouvant servir de type, comme nous le voyons dans son ouverture de l'*Enlèvement du Sérail*. Il est impossible d'entendre exécuter ce morceau d'harmonie, au théâtre, sans être amené à prévoir, avec une grande certitude, le caractère du drame auquel il sert d'introduction. Toutefois cette séparation des trois parties, dont chacune, indiquée par un mouvement différent, a un caractère spécial, constitue une espèce d'allure incertaine. Il fallait, en conséquence, fondre ensemble les parties isolées, de telle sorte qu'elles formassent un seul morceau d'harmonie non interrompu par contrastes de ces différents motifs caractéristiques.

Les créateurs de cette forme parfaite de l'ouverture furent Gluck et Mozart.

Gluck, lui-même, se contentait encore souvent de simples morceaux d'introduction, dans la forme ancienne, et ces ouvertures, telle que celle d'*Iphigénie en Tauride*, n'étaient à proprement parler que des introductions à la première scène de l'opéra. Le plus souvent cet avant-propos musical se trouvait très-heureusement proportionné à cette première scène. Bien que le maître, dans les cas les plus

heureux, ait conservé à l'ouverture le caractère
d'introduction à la première scène, sans donner à ce
morceau d'harmonie une conclusion indépendante,
il sut cependant concentrer dans cette paraphrase
instrumentale le caractère de toute l'action dramatique
qui allait suivre. Le chef-d'œuvre le plus complet
de Gluck dans ce genre est l'ouverture d'*Iphigénie
en Tauride.* Le maître dessine là, en traits puissants
et avec clarté, les pensées principales du drame.
Nous reviendrons sur cette œuvre admirable, qui
nous servira à analyser cette forme de l'ouverture
que l'on peut considérer comme la plus parfaite.

Après Gluck ce fut Mozart qui donna à l'ouverture
sa véritable signification. Sans s'efforcer péniblement
d'exprimer ce que la musique ne peut et ne doit
jamais expliquer, à savoir les détails et les développements de l'action, elle-même, comme l'ancien
prologue s'était efforcé de les exposer, il saisit avec
ce coup-d'œil du véritable poëte la pensée principale
du drame ; il la dépouilla de tout détail incident et
secondaire par rapport à l'action principale, pour
faire de cette pensée une création musicale claire. Il
en exprime la passion dans l'harmonie, en fait parfaitement comprendre les idées par l'art des contrastes,

et par cela même expose d'une manière claire et nette toute l'action dramatique. D'autre part, il en résulte un morceau d'harmonie tout à fait indépendant, bien qu'il se rapproche, par sa forme extérieure, de la première scène de l'opéra.

Mozart, cependant, a donné à la plupart de ses ouvertures une conclusion musicale complète, comme dans celles de la *Flûte enchantée*, des *Noces de Figaro*, et de *Titus*. On pourrait donc s'étonner qu'il l'ait refusée à la plus importante de toutes, celle de *Don Juan*, si nous ne devions pas reconnaître dans la transition merveilleuse, saisissante, qui s'opère entre la dernière mesure de cette ouverture et la première scène, la véritable conclusiondu morceau d'harmonie qui sert d'introduction à *Don Juan*.

L'ouverture ainsi créée par Gluck et Mozart devint la propriété de Cherubini et de Beethoven. Tandis que le premier restait complétement fidèle au type qui lui avait été transmis, le second s'en éloignait de la manière la plus hardie. Les ouvertures de Cherubini sont des esquisses poétiques de la pensée principale du drame, saisie dans ses traits généraux, et rendue en musique avec une étroite unité et beaucoup de clarté. Nous voyons, cependant, dans l'ouverture du *Porteur d'eau* comment il pouvait exprimer en cette forme la marche pressante de l'action, sans porter atteinte à l'unité de composition. L'ouverture en *mi* de *Fidelio* présente un lien visible de parenté avec celle du *Porteur d'eau.*

C'est d'ailleurs dans ces deux opéras que les deux maîtres se touchent de plus près. Mais on reconnaît clairement dans plusieurs des autres ouvertures de Beethoven, notamment dans celle dite de *Léonore* que son génie impétueux se sentait trop à l'étroit dans les limites qui arrêtaient son essor. Beethoven qui n'a pas souvent saisi l'occasion de développer librement ses immenses instincts dramatiques, paraît avoir voulu s'en dédommager ici, en se jetant avec toute la force de son génie sur le champ de l'ouverture, ouvert librement à sa fantaisie. Il a créé de la manière la plus originale, avec les images harmoniques pures, le drame tel qu'il le concevait, délivré des entraves créées par les timides auteurs de pièces de théâtre ; il fit jaillir son œuvre de son germe gigantesquement développé. On ne peut attribuer une autre origine à cette merveilleuse ouverture de *Léonore.* Loin d'être une simple introduction musicale au drame, elle nous le représente plus

complétement et d'une manière plus saisissante que
l'action saccadée qui la suit. Cette œuvre n'est plus
une ouverture. C'est le plus puissant des drames.

Après les introductions de Beethoven et de Cherubini, Weber produisit les siennes. Bien qu'il ne
s'élevât jamais aux hauteurs sublimes atteintes par
Beethoven dans son ouverture de *Léonore*, il suivit
avec bonheur la voie dramatique sans jamais s'égarer
dans la pénible peinture de détails sans valeur pour
l'action. Là, même, où se laissant entraîner par la
fantaisie à donner plus d'importance aux motifs
accessoires que n'en comportait la forme de l'ouverture telle qu'elle lui avait été transmise, il sut toujours contenir le drame dans sa limite. On peut donc
accorder à Weber la découverte d'un nouveau genre :
la *fantaisie dramatique*, dont l'ouverture d'*Oberon*
est le plus beau type. Ce morceau d'harmonie exerça
une influence considérable sur les compositeurs modernes. Weber a fait là un pas en avant qui ne
pouvait avoir que de brillants résultats, ainsi que
nous l'avons vu, en raison de l'élan vraiment poétique de son inspiration musicale.

Toutefois, l'on ne peut pas nier que l'originalité
de la forme musicale ne souffre de la subordination

à une pensée dramatique, lorsque cette pensée n'est pas considérée sous son aspect le plus large, c'est-à-dire dans le génie même de la musique. D'un autre côté le thème principal se trouve interrompu par les détails de l'action, lorsqu'il en est autrement. Comme j'ai l'intention de revenir sur cette question, je me contente pour le moment de remarquer, que cette manière devait nécessairement conduire à la décadence, et rapprocher de plus en plus l'ouverture de ces morceaux d'harmonie que l'on a désignés sous le nom de « pots-pourris. »

L'histoire du « pot-pourri » commence, en un certain sens, avec l'ouverture de la *Vestale*, de Spontini. Quelque brillantes et belles que soient, d'ailleurs, les qualités qu'il faut reconnaître à cette intéressante pièce harmonique, on y trouve déjà l'empreinte de cette manière légère et superficielle qui domine dans les ouvertures de la plupart des compositeurs d'opéra de notre époque. Pour indiquer d'avance la marche dramatique de notre opéra il ne s'agissait plus d'en donner un tableau nouveau, formant à lui seul une œuvre d'art bien définie, et conçue dans les règles de l'art musical ; on se contenta de choisir çà et là les morceaux à effet de l'opéra, en

se ; guidant mo.ins sur leur importance que sur leur
c' harme, et en les rattachant d'une façon banale les
t ins aux autres.

C'était là de ces arrangements, comme les fabri-
cants de « pots-pourris » en ont fait ensuite, souvent plus brillamment et non sans effet, avec les motifs de ces mêmes opéras. On admire beaucoup l'ouverture de *Guillaume Tell*, de Rossini, et celle de *Zampa*, de Hérold ; elle plaisent beaucoup à la foule, en effet. Il est vrai qu'on rencontre, surtout dans la première de ces œuvres des inspirations incon-testablement originales ; mais on n'y trouve pas une idée vraiment artistique. Ces compositions n'appar-tiennent plus à l'histoire de l'art, mais bien à celle des succès de théâtre.

Ayant ainsi jeté un coup d'œil sur les développe-ments successifs de l'ouverture et sur les productions les plus brillantes dans ce genre, il nous reste à répondre à la question suivante : A quelle manière de conception et d'exécution faut-il donner la préférence? Quelle est la mieux appropriée au genre et la plus juste? Si l'on veut éviter de paraître exclusif, il n'est pas facile de faire à cette question une réponse bien définie. Nous avons devant nous deux chefs-d'œuvre inimitables, chez lesquels nous devons reconnaître une égale grandeur d'intention et d'exécution mais qui n'en sont pas moins foncièrement différents quant à la conception première et à la façon dont ils sont traités. Je veux parler des ouvertures de *Don Juan* et de *Léonore*.

Dans la première, la pensée dirigeante du drame, est indiquée en deux traits principaux ; leur invention, comme leur mouvement, appartient incontestablement à la haute sphère musicale. L'orgueil passionnément surexcité est en conflit avec un pouvoir terrible et menaçant, qui paraît avoir pour but d'abattre ce premier sentiment. Si Mozart y avait ajouté l'effroyable dénouement du sujet dramatique, rien n'eut fait défaut à l'œuvre musicale, pour qu'on pût la considérer comme un tout complet, comme formant à elle seule, tout un drame. Mais le maître laisse simplement pressentir l'issue du combat. Dans la merveilleuse transition à la première scène, il fait courber les éléments ennemis comme sous une volonté supérieure, et un gémissement plaintif passe seul sur le théâtre de la lutte.

De même que la pensée principale du drame est exprimée d'une façon claire et saisissante dans cette ouverture, de même aussi ne trouve-t-on pas un seul endroit dans le tissu musical que l'on puisse rapporter directement à la marche de l'action. C'est dans ce sens qu'il nous faudrait considérer l'introduction empruntée à la scène du spectre, qui aurait dû se trouver, au contraire, à la fin de l'ouverture. Par contre, son morceau capital est libre de toute réminiscence du motif de l'opéra, et tandis que l'auditeur est subjugué par le développement purement musical du thème, ses sensations intellectuelles s'arrêtent au péripéties d'un combat acharné, qu'il ne s'attend pas à voir développer devant lui comme action dramatique.

Là, se trouve la différence fondamentale qui existe entre l'ouverture de *Don Juan* et celle de *Léonore*, car à l'audition de cette dernière, nous ne pouvons nous défendre de la violente anxiété avec laquelle nous assistons à la marche d'une action saisissante se passant réellement devant nous. Comme nous l'avons déjà dit, Beethoven a, de ce puissant morceau d'harmonie, fait un véritable drame musical, un drame vivant de son existence propre, créé à l'occasion d'une pièce de théâtre. Ce n'est donc pas seulement une simple esquisse du drame, une simple introduction servant de préparation à l'action scénique à tous les points de vue, c'est un drame dans le sens le plus idéal.

La manière du maître, aussi loin que nous pouvons la suivre, nous permet de deviner quelle profonde nécessité intérieure le poussait à la conception de cette gigantesque ouverture. Il s'agissait pour lui de concentrer dans son unité une action majestueuse, affaiblie et entravée par des détails mesquins appartenant au sujet dramatique, et de la produire dans son nouveau développement idéal, alimenté seulement par ses impulsions les plus spontanées. C'est **le** fait d'un cœur puissamment aimant qui, entraîné par une noble résolution, brûle du désir de descendre comme un ange de consolation et de liberté dans les profondeurs de la mort. Une seule pensée pénètre tout l'ouvrage : celle de la liberté conduisant dans la plus vive allégresse un ange de lumière au secours de l'humanité souffrante; nous sommes transportés dans un sombre cachot où n'arrive pas un seul rayon de lumière. Les soupirs, les gémissements de l'âme qui de ses profondeurs, appellent la liberté, interrompent seuls l'épouvantable silence de la nuit. Un regard ardent y descend avec le dernier rayon de soleil.

C'est le regard de l'ange qui ne veut plus respirer l'air pur de la divine liberté dont vous êtes privés, vous qu'on tient enfermés dans le profond souterrain. Il prend une résolution enthousiaste, celle de renverser tous les obstacles qui vous séparent de la lumière du ciel. L'âme se dilate de plus en plus et toujours plus puissante par cette sublime résolution. C'est l'envoi du sauveur qui vient délivrer le monde. Cependant cet ange n'est qu'une femme aimante; sa force est la faiblesse même de l'humanité souffrante; elle combat les obstacles étrangers comme ses propres faiblesses et menace avant de succomber. Pourtant cette idée surhumaine illumine si bien l'âme qu'elle finit par lui communiquer une force surhumaine. Un puissant et suprême effort brise le dernier obstacle; la pierre est chassée au loin; la lumière du soleil pénètre en rayons lumineux dans le cachot. Liberté! liberté! s'écrie avec allégresse la libératrice; liberté, divine liberté! s'écrie le prisonnier.

Voilà l'Ouverture de *Léonore* telle que l'a composée Beethoven. Ici tout est animé d'un mouvement dramatique incessant et dominé par l'ardente pensée d'exécuter un plan inouï.

Cette œuvre est tout-à-fait unique dans son genre, on ne peut même plus l'appeler une ouverture, si par cette appellation nous entendons un morceau d'harmonie destiné à être exécuté avant le commencement d'un drame, pour préparer simplement au caractère de l'action. D'autre part, comme nous ne considérons pas l'œuvre d'art musical, en général, mais le véritable but de l'ouverture en particulier, nous ne pouvons proposer comme modèle celle de *Léonore*. En effet, elle explique par une anticipation trop pleine de feu, le drame tout entier, concentré en elle avec son dénouement ; et l'on en doit conclure, ou que l'auditeur ne la comprend pas du tout, ou qu'il la saisit mal s'il ne devine pas à l'avance toute l'action. Si au contraire, cette ouverture est bien comprise par lui, elle affaiblit à l'avance l'intérêt du drame.

Laissons donc de côté cet immense morceau d'harmonie, et revenons à l'ouverture de *Don Juan*. Ici nous avons trouvé ébauchée l'idée principale de la pièce exécutée dans une forme purement musicale, mais non dramatique. Déclarons, sans hésiter, que ce mode de conception et d'exécution est le meilleur, surtout par cette raison que le musicien se soustrait à toute occasion de dépasser les limites de'son art spécial, c'est-à-dire de sacrifier sa liberté. C'est de cette manière, aussi, que le musicien atteint le plus sûrement le but de l'ouverture, qui ne doit jamais être qu'un prologue idéal, et comme tel, nous transporter simplement dans ces sphères élevées où nous nous préparons au drame. Toutefois, nous ne voulons aucunement dire, par là, que l'idée du drame, musicalement conçue, ne doit pas être amenée à une expression et à une conclusion précises; tout au contraire, l'ouverture, comme œuvre d'art musical, doit former un tout complet.

Dans ce sens, nous ne pouvons pas citer un modèle d'ouverture plus beau, plus parfait que celle de l'*Iphigénie en Tauride* de Gluck; et c'est pourquoi nous essayons d'indiquer spécialement dans cette œuvre ce que nous croyons devoir considérer comme le meilleur procédé pour la conception d'une ouverture.

Ici, de nouveau, comme dans l'ouverture de *Don Juan*, c'est la lutte ou au moins l'opposition de deux éléments ennemis qui mouvemente la pièce. L'action même d'*Iphigénie* renferme ces deux éléments. L'armée des héros grecs est réunie en vue de l'exécution d'une grande entreprise commune. Tout intérêt autre que celui d'exécuter ce projet disparaît devant ce but unique de la masse.

En opposition, nous avons un intérêt particulier, la conservation d'une vie humaine, le salut d'une jeune fille.

Avec quelle clarté caractéristique, avec quelle vérité Gluck n'a-t-il pas personnifié ces deux contrastes ! Dans quelle parfaite proportion ne les a-t-il pas combinés et mis en opposition, puisque cette simple opposition suffit pour produire l'action et le mouvement ! La masse des héros coalisés est représentée par l'importance considérable donnée au motif principal de l'unisson, tandis que le thème, suivant nous, peint la compassion qu'on éprouve pour la jeune fille. L'ouverture, mouvementée continuellement par ce seul contraste, nous donne la grande idée de la tragédie grecque, en nous remplissant alternativement de terreur et de pitié. De cette manière, nous arrivons parfaitement à ce diapason élevé qui nous prépare à l'audition d'un drame, dont le sens le plus élevé nous est dévoilé à l'avance, et nous sommes amenés ainsi à comprendre l'action qui va suivre.

Puisse cet exemple admirable servir de règle, dans l'avenir, à la conception des ouvertures, et en même temps démontrer pour toujours combien une grande simplicité dans le choix des motifs musicaux facilite au musicien l'exposition rapide et claire de ses intentions, quelqu'extraordinaires qu'elles puissent être ! Certes il eut été difficile, ou pour mieux dire impossible, à Gluck lui-même d'arriver au même résultat, si, entre les principaux thèmes de son ouverture, il eut intercalé et développé des motifs accessoires destinés à représenter tel ou tel incident du drame, motifs qui eussent passé inaperçus ou qui eussent affaibli et disséminé l'attention de l'auditeur. Malgré cette simplicité de moyens, il reste encore dans l'ouverture une large part au drame par le développement de la principale pensée musicale.

De toutes façons, il ne peut pas s'agir ici d'une action telle que le drame seul peut en présenter, mais seulement d'une expression compatible avec la musique instrumentale. Deux thèmes musicaux réunis dans une composition laissent toujours apercevoir dans leur mouvement respectif un certain penchant, une tendance à atteindre un point culminant. Une conclusion paraît alors indispensable à notre complète satisfaction , car notre sentiment demande à se prononcer définitivement dans l'un ou l'autre sens. Or, comme c'est une lutte de principes ou de situation qui donne au drame la vie et sa signification la plus haute il n'est aucunement contraire aux moyens d'action les plus purs de la musique de donner à cette lutte des motifs harmoniques une conclusion également semblable à la tendance dramatique. C'est assurément de cette opinion que partent Cherubini, Beethoven et Weber pour la conception de la plupart de leurs ouvertures.

Dans l'ouverture du *Porteur d'eau*, cette révolution est indiquée d'une manière très évidente. Les ouvertures de *Fidelio*, d'*Egmont*, de *Coriolan*, comme celle du *Freischütz,* expriment d'une manière claire et certaine le dénouement d'un violent combat. Le point de rapprochement avec le sujet dramatique doit donc se trouver dans le caractère des deux thèmes principaux. D'un autre côté, la composition d'une ouverture ne doit jamais suivre exactement la marche des événements du drame, car ce procédé ferait immédiatement disparaître le caractère unique, essentiel que doit revêtir un morceau d'harmonie.

Le but le plus élevé à atteindre dans la conception de l'ouverture serait de reproduire par les moyens, spéciaux à la musique seule, l'idée caractéristique du drame et de l'amener à un dénouement correspondant à la manière dont a été exécutée la pièce scénique. Le musicien procédera donc très heureusement s'il entrelace les motifs caractéristiques de son ouverture de traits mélodiques ou rhytmiques, qui ont une signification dans l'action dramatique. Dans l'action elle-même, ces traits ne devraient pas être semés au hasard, mais au contraire, placés avec discernement et mesure, servant pour ainsi dire de jalons, d'orientation sur le champ des actions humaines en donnant ainsi à l'ouverture son caractère individuel. Ces traits doivent être naturellement d'une nature bien musicale, tout en passant du domaine de l'harmonie pure à celui de la vie humaine quotidienne. Je citerai à ce sujet comme d'excellents exemples la sonnerie de trompette des prêtres dans la *Flûte enchantée,* le signal de la trompette dans *Léonore* et l'appel du cor dans *Oberon.* Ces motifs de l'opéra introduits dans l'ouverture servent ici, où ils sont placés avec discernement, de véritables rapprochements avec l'action dramatique et permettent ainsi de donner aux morceaux d'harmonie une heureuse individualité, qui n'a pour objet que de servir d'introduction à la pièce en donnant une idée générale sur le sujet.

Si nous établissons, en principe, que le développement d'éléments purement techniques dans l'ouverture doit concorder à ce point avec l'idée dramatique, que la conclusion musicale corresponde au dénouement de l'action scénique, on se demandera si les développements du drame, en ce qui concerne les rôles des principaux personnages, peuvent exercer une influence immédiate sur la conception de l'ouverture, et surtout sur l'originalité de sa conclusion. Certes, nous pourrions n'accorder cette influence que très conditionnellement, car nous trouvevons qu'une conception, purement musicale, peut très-bien embrasser les idées principales d'un drame, mais non pas le sort individuel de chacun des personnages. Dans un certain sens le musicien procède comme le philosophe. qui ne saisit que l'idée même ; pour lui comme pour le poëte, la lutte des idées le préoccupe seule ; la fin tragique du héros considéré comme individu ne l'intéresse pas. Placé à ce point de vue, il néglige les faits particuliers, il triomphe quand le héros succombe.

Cette conception parfaite n'est nulle part mieux exprimée que dans l'ouverture d'*Egmont*, dont la phrase finale élève à sa plus haute puissance l'idée tragique du drame, et nous offre en même temps un morceau de musique complet de la plus entraînante vigueur. Je ne connais qu'une seule exception importante qui paraisse en complète opposition avec la manière de voir que je viens d'exposer, c'est l'ouverture de *Coriolan*. Mais si nous considérons de plus près cette œuvre puissamment tragique, nous verrons que l'idée dans laquelle on l'a conçue, bien que s'éloignant du sujet, s'explique par ce fait, que l'idée tragique repose ici entièrement sur le sort personnel du héros. Un orgueil indomptable, une nature dominante et présomptueuse, débordant de force, ne peut exciter notre compassion et notre sympathie que par sa chute ; nous la faire pressentir avec crainte, et non la faire voir avec effroi, fut l'œuvre incomparable du maître. Dans cette ouverture, comme dans celle de *Léonore*, Beethoven reste unique et inimitable.

Les leçons à tirer de créations d'une si haute originalité ne peuvent nous profiter que si nous les relions aux leçons que nous ont laissées d'autres grands maîtres. La triade : Glück, Mozart, Beethoven, est l'étoile qui nous guidera toujours dans les sentiers ardus de l'art, car celui qui voudrait ne suivre qu'un seul de ces maîtres serait certain de se tromper et de tomber dans cette erreur dont un seul a pu sortir victorieux, et celui-là on ne peut l'imiter.

R. WAGNER.
(Traduit de l'Allemand).

—

Comme on vient de le voir, M. Wagner fait en traits rapides l'historique de l'ouverture, depuis les premiers essais sans valeur réelle jusqu'à nos jours. Il signale, en passant, l'ouverture du *Messie* de Handel qui, selon lui, ne doit pas être considérée comme caractérisant le sujet de cet oratorio. Etant donné le style contrepointé de la musique à cette époque, l'ouverture du *Messie* est, croyons-nous, ce qu'elle pouvait être. M. Wagner le reconnaît d'ailleurs.

Pour lui, les véritables créateurs de l'ouverture, telle qu'il la comprend, c'est-à-dire une œuvre où se trouve exprimée l'idée générale du drame qu'elle annonce, sont Glück et Mozart. L'ouverture d'*Iphigénie en Tauride* est, selon M. Wagner, un modèle parfait, et celle de *Don Juan*, le chef-d'œuvre des chefs-d'œuvre ; elles réalisent son idéal.

En parlant de la première il dit : « Puisse cet

exemple admirable servir de règle dans l'avenir à la conception des ouvertures et en même temps démontrer pour toujours [combien une grande simplicité dans le choix des motifs musicaux facilite au musicien l'exposition *rapide et claire* de ses intentions, quelque extraordinaires qu'elles puissent être. »

Ne dirait-on pas que ces lignes ont été écrites par le sage Haydn lui-même? Ce sont assurément là d'excellents principes que M. Wagner ferait bien de mettre en pratique dans ses compositions musicales. Mais les qualités qui lui manquent le plus sont précisément la simplicité et la clarté, qu'il prise tant chez les autres.

L'hommage rendu par M. Wagner au génie de Mozart n'a pas laissé que de nous étonner après ce qu'il a dit, dans la préface de ses quatres poëmes, de certaines parties de la musique de l'auteur de *Don Juan*. Cherchant à les caractériser, il ajoute : « Une musique de table, c'est-à-dire une musique qui, entre les agréables mélodies qu'elle fait entendre par intervalles, offre encore un bruit propre à exciter la conversation ! ! »

Cette plaisanterie est lourde comme une choucroute, car si l'on peut à la rigueur, critiquer certaines formules finales chez Mozart, prendre un tel ton à propos d'un tel génie est une insolence du plus mauvais goût. Mais oublions cette erreur, que M. Wagner voudra, sans doute, abjurer et poursuivons une voie où nous sommes heureux de le rencontrer.

Les ouvertures de Beethoven sont, pour lui, le dernier degré du sublime. Ce qu'il dit de l'ouverture d'*Eléonore* est remarquablement senti ; on ne saurait exprimer mieux l'admiration qu'on éprouve en écoutant cette œuvre d'un géant. Cependant M. Wagner ne la propose pas pour modèle, « parce qu'elle explique, par une anticipation trop pleine de feu, son dénouement. Et l'on doit en conclure, ou que l'auditeur ne la comprend pas du tout, ou qu'il la saisit mal, s'il ne devine pas à l'avance toute l'action. Si, au contraire, cette ouverture est bien comprise par lui, elle affaiblit à l'avance l'intérêt du drame. »

Nous partageons l'admiration de M. Wagner pour l'ouverture d'*Eléonore*, mais nous ne souscrivons pas à ses réserves. Aussi expressive que puisse être la musique d'une ouverture, elle ne va pas jusqu'à raconter la pièce de façon à nuire à l'effet imprévu de l'action. La raison que donne M. Wagner n'est autre chose qu'un paradoxe.

Non loin des ouvertures de Beethoven, il place en première ligne celles de Cherubini, et à très juste titre. Il prise fort l'ouverture du *Porteur d'eau,* c'est ainsi qu'on nomme, en Allemagne, l'opéra *les Deux Journées.* Nous eussions désiré que M. Wagner s'étendît davantage sur ce sujet, qu'il donnât, avec détails, son opinion sur les ouvertures de *Démophon* et de *Médée,* qu'il considère d'ailleurs, dans leur ensemble, comme d'excellents résumés du drame.

Bien qu'il loue les ouvertures de Weber, elles s'é-loignent de son idéal en cette matière. « Dans le domaine de la fantaisie dramatique, leur manière, dit-il, devait nécessairement conduire l'ouverture à ces morceaux d'harmonie que l'on désigne sous le nom de *pots-pourris.* »

Il y a bien quelque vérité dans cette critique, qui, tout d'abord, paraîtra téméraire à ceux (et je suis du nombre) qui frémissent d'enthousiasme à l'audition des ouvertures du *Freischütz,* d'*Euryanthe* et d'*Oberon.* Mais avouons que si, en effet, elles ont amené au système des *pots-pourris* d'Auber et de *tutti quanti*, c'est du moins par des chemins enchanteurs.

M. Wagner trouve que les ouvertures de *Guillaume Tell* et de *Zampa* « n'appartiennent pas à l'histoire de l'art, mais bien à celle des succès de théâtre. » En se plaçant au point de vue très-élevé et très-exclusif de M. Wagner, on peut accepter comme juste l'observation en ce qui concerne la seconde, mais nous ne passons pas à M. Wagner son dédain pour l'ouverture de *Guillaume Tell*. Qu'il dise que la dernière partie de l'œuvre n'est qu'un *allegro* brillant, assimilable à un succès de théâtre, passe encore, mais le début avec chant des violoncelles divisés, mais l'orage, le plus beau qu'on ait imité en musique après celui de la *Pastorale* de Beethoven; mais le ravissant « Ranz des vaches, » tout cela, n'en déplaise à M. Wagner, appartient à l'histoire de l'art et du très-grand art. Ce n'est pas seulement une admirable musique, nous prétendons qu'elle satisfait aux principes de M. Wagner, parce que les différents « mouvements, » sans être empruntés aux motifs de l'opéra, sont à la hauteur du drame, et que cette musique peint à larges traits le lieu de la scène — les Alpes, leur grandiose mélancolie, et leurs terribles avalanches.

Nous nous attendions à trouver le travail de M. Wagner sur l'*Ouverture*, si remarquable sur plus d'un point, plus complet qu'il ne nous le donne. C'est ainsi, par exemple, qu'il passe sous silence les ouvertures de Haydn, de Mendelssohn, de Berlioz et de Meyerbeer ; les introductions de *Robert le Diable* et des *Huguenots* méritaient bien aussi qu'il s'y arrêtât. Il y a là une lacune considérable.

OPÉRA ET DRAME

INTRODUCTION

Aucun phénomène ne peut être entièrement compris dans son essence même, s'il n'est complètement réalisé. Une erreur ne se dégage tout à fait que lorsqu'elle a passé par toutes ses transformations et qu'elle a parcouru toutes les voies nécessaires à son existence.

On ne pouvait comprendre la vanité et le caractère anti national de l'opéra, que lorsque cette vanité et ce caractère étaient arrivés à leur manifestation la plus complète et la plus révoltante. L'erreur qui sert de base au développement de cette forme de l'art musical, ne se manifesta que lorsque les plus nobles génies eurent dépensé toute leur activité artistique à explorer le labyrinthe de cette erreur, sans en trouver l'issue, revenant toujours à son point de départ, et qu'enfin ce labyrinthe fut devenu une sorte d'asile d'aliénés pour toutes les vanités de ce monde.

L'opéra moderne, apprécié aujourd'hui du public,

est, depuis longtemps, pour les artistes honnêtes, un objet du plus vif dégoût. Mais ceux-ci n'accusent que la corruption du goût et la frivolité de ceux qui l'exploitent, sans considérer que cette corruption tout à fait naturelle et cette frivolité sont inévitables. Si la critique était ce qu'elle s'imagine d'être, elle eût déjà résolu le problème de l'erreur où se meut l'opéra et pleinement justifié le dégoût des artistes honnêtes. Au lieu de cela, elle n'a montré que l'instinct de ce dégoût, elle n'a fait que tourner autour du problème, éprouvant à la résoudre le même embarras que l'artiste à se frayer une issue hors de l'erreur.

Le grand mal, pour le critique, réside dans sa nature même. Le critique ne sent pas la nécessité pressante qui pousse l'artiste à la persévérance et qui arrive à lui faire dire : « La chose est ainsi et non autrement. » Si le critique veut imiter en cela l'artiste, il tombe infailliblement dans le vilain défaut de la présomption, il se prononce avec suffisance sur des choses qu'il ne sent pas d'instinct, qu'il juge d'après les principes arbitraires de l'esthétique et au point de vue de la science abstraite. Si, au contraire, le critique connaît sa vraie position dans le monde artistique, il devient prudent et timide, se contente de

l'erreur que nous signalons dans l'opéra? Douterait-on que dans l'opéra, la musique est le but, et le drame seulement le moyen? Non assurément. Le coup-d'œil le plus sommaire sur le développement historique de l'opéra nous fixe complétement sur ce point. Tous ceux qui ont raconté ce développement ont mis involontairement la vérité en évidence, et cela par le seul exposé des faits.

L'opéra n'est pas sorti des scènes populaires du moyen âge, scènes dans lesquelles nous reconnaissons une trace de l'alliance naturelle de la musique avec l'art dramatique.

Dans les cours somptueuses de l'Italie (seul pays de l'Europe civilisée où l'art dramatique n'a jamais atteint un développement tant soit peu considérable), des gens riches, las de la musique sacrée de Palestrina, avaient eu l'idée de demander à des chanteurs qui les divertissaient dans les fêtes, des ariettes, c'est-à-dire des airs populaires, dépouillés de leur vérité et de leur naïveté, et qu'on associait à des vers, formant tant bien que mal un ensemble dramatique.

Cette cantate dramatique, qui visait à tout, sauf

au drame, est la mère de notre opéra; elle est l'opéra lui-même. Et pendant qu'il se développait conformément à son principe, il devenait clair pour le poëte, utilisé comme auxiliaire pour ces divertissements musicaux, que son rôle consistait dans une forme poétique, qui devait uniquement se borner à fournir les mots réclamés par les besoins du chanteur et la forme musicale de l'ariette. La grande réputation de Metastase provenait de ce qu'il ne créait jamais le moindre embarras au musicien, qu'il ne lui montra jamais, au point de vue purement dramatique, d'exigences inaccoutumées, et se faisait le serviteur le plus humble et le plus dévoué des musiciens.

Ces rapports entre le poëte et le musicien se sont-ils modifiés le moins du monde de nos jours? Oui, si l'on considère ce qui, au point de vue musical, est appelé dramatique, mais aucunement en ce qui concerne ces rapports eux-mêmes. · Aujourd'hui, comme il y a cent cinquante ans, le poëte reçoit les inspirations du musicien, suit les fantaisies de la musique, se plie à l'humeur du musicien, choisit sa matière au gré du musicien et ses caractères suivant la voix du chanteur, créant les situations dra-

matiques en vue de certaines formes musicales. Bref,
il se subordonne au musicien, et construit le drame
d'après des considérations purement musicales, sous
peine de passer pour un librettiste incapable. Cela
est vrai, et je doute qu'on puisse accuser en rien la
peinture que je viens de faire.

Le but de l'opéra, jusqu'ici, a toujours été la
musique. Quand le drame a un but, c'est uniquement pour permettre à la musique de se développer
et ce but ne supprime pas celui de la musique, il
ne fait que le servir. Cela est reconnu de tout le
monde; personne ne s'avise de nier que la position
du drame vis-à-vis de la musique soit telle que nous
l'avons indiquée. C'est le développement extraordinaire de l'opéra qui fait que l'on s'est familiarisé
avec ce monstrueux phénomène et qu'on est arrivé
à croire à la possibilité de construire le drame réel
sur la base de la musique absolue.

Comme je me propose de démontrer dans cette
étude que l'alliance de *notre* (1) musique avec la
poésie dramatique peut donner au drame une grandeur qui n'a jamais été soupçonnée, il faut que je

---

1 Par ce mot — *notre*, M. Wagner entend sans
doute sa propre musique.

commence par exposer l'erreur de ceux qui attendent cette forme suprême du drame de l'opéra actuel, où, contrairement à la nature des choses, la poésie est subordonnée à la musique.

Commençons par nous occuper exclusivement de la nature de cet opéra.

R. WAGNER.

(Traduit de l'Allemand.)

—

Si le lecteur a lu jusqu'au bout avec attention cette Introduction critique de M. Wagner, peut-être aura-t-il pu, dans ce fatras de doctrines fausses, d'assertions hasardées, de syllogismes contradictoires où l'ithos vient en aide au pathos pour la plus grande confusion des esprits raisonnables, démêler ses véritables pensées. Nous en aborderons l'ensemble et l'appréciation lorsque nous aurons dit quelle est l'impression première qui pour nous s'est dégagée de l'étude de ces quelques pages.

Evidemment, si M. Wagner écrit, c'est non point pour éclairer ses contemporains sur les questions délicates d'esthétique et de philosophie artistique qu'il aborde avec une égale désinvolture, mais en vue de sa glorification personnelle. A lui se rapportent toutes ses visées ; à la démonstration de l'excellence de ses propres œuvres tendent tous ses raisonnements. On n'accusera jamais M. Wagner d'avoir sacrifié si peu que ce soit à l'esprit de secte ou de camaraderie. Sa secte est toute en lui ; tous ses amis sont en lui-même. C'est l'application à la musique du mot classique de Médée :

> Moi, dis-je, et c'est assez !

Le caractère de tout ce qu'il écrit est ainsi rendu totalement indélébile. Sa folle vanité, les présomptions monstrueuses d'une imagination délirante donnent à tout ce qu'il fait sa marque originelle. Il pousse la folie de l'orgueil jusqu'à ce genre de dépravation dont l'histoire de nos derniers troubles civils nous a fourni un exemple notable en la personne d'un peintre connu et qui consiste à vouloir tout détruire pour rapporter à soi tout ce qui s'édifiera.

Ainsi marchant à son but — sa propre apothéose — avec la confiance, la sérénité d'un aveugle ivre de haschich, il est naturel qu'il ne s'inquiète point des contradictions, des erreurs de fait, qu'il sème à chaque pas sur sa route, des flagrants délits d'ignorance qu'un enfant quelque peu disert pourait aisément relever dans ses livres. L'autorité de la critique est nulle à ses yeux, et sans s'apercevoir qu'il instruit et juge, par là, un procès contre lui-même, contre ses écrits et contre ses doctrines, il tient pour nulles et non avenues toutes les opinions que ses devanciers dans notre ingrate carrière, ont émises avec une respectueuse ou virile fermeté sur les manifestations de l'art ou du goût musical.

Nous ne voulons point lui rendre mépris pour dédain et le traiter avec la superbe insolence dont il use à l'endroit d'esprits respectables s'il en fut jamais. Mais qu'on avoue, et qu'il avoue lui-même, que nul procédé ne serait plus légitime.

M. Wagner veut donc prouver qu'avant de se détourner de sa profession première pour venir annoncer au monde, comme un précurseur messiaque, le nouvel évangile musical, les maîtres de la musique dramatique avaient été des travailleurs inconscients, plus ou moins inspirés, plus ou moins heureux, plus ou moins habiles, mais absolument dépourvus de la faculté de généralisation qui permet seule de donner une œuvre comme le type définitif du genre adopté.

Il veut prouver qu'avant que sa plume féconde ne laissât tomber sur le papier les assonances et les dissonances du *Tannhauser,* de *Tristan et Iseult,* des *Niebelungen* et des *Maîtres chanteurs,* la musique dramatique était un art enfantin cultivé sans doute avec un certain succès par des hommes bien doués, mais qu'aucune intelligence géniale n'avait porté jusqu'à son *summum* l'intensité créatrice. Et pour atteindre à ce but, il commence par déclarer, avec une olympienne sécurité, « que l'opéra moderne est depuis longtemps, pour les artistes honnêtes, un objet du plus vif dégoût ! »

Il pourrait nous convenir d'établir ici une distinction entre les dégoûtés et les œuvres qui dégoûtent, et de demander à M. Wagner quels sont les opéras qui le dégoûtent pour connaître par élimination ceux qui ne le dégoûtent pas. Il pourrait être utile de savoir, une fois pour toutes, que les œuvres dégoûtantes sont, suivant le jugement de M. Wagner, celles que les autres hommes ont considérées comme autant de créations immortelles. Mais nous ne voulons point pousser la malice jusqu'à ce degré de férocité. Nous voulons même bannir de ce débat purement esthétique jusqu'à l'apparence de l'esprit ; M. Wagner nous ayant, sur ce point, d'ailleurs, fort prudemment devancé.

Suivant lui donc, l'opéra moderne est non-seulement le résultat d'une erreur, ce qu'on pourrait littéralement comprendre en usant d'une extrême complaisance, mais il est lui-même une erreur flagrante ; et notre fougueux critique veut que cette erreur disparaisse « si nous ne voulons point sombrer dans une méprisable imbécilité. »

Ce sont là ses expressions propres. Il a jeté cette injure inepte et grossière à la face de toutes les majestés de l'art classique ; il a barbouillé de cette lie tudesque les bustes de marbre pur qui ornent les frontons de tous les monuments élevés à la gloire de la musique et qui peuplent, comme autrefois les dieux de l'Olympe, ce paisible et rayonnant empire de l'idéal parfait et de l'inspiration candide dont jamais il n'approchera lui-même et qu'il ne saurait même entrevoir. Il a écrit ces lignes, et les souvenirs de son éducation musicale ne sont point revenus un à un, paisibles mais éloquents fantômes, témoigner qu'il niait l'évidence qu'il niait le soleil, qu'il niait la lumière et que l'évidence, le soleil et la lumière se vengeaient en emplissant ses yeux d'étincelles, au point de les aveugler.

Mais il a compris qu'il ne pouvait produire cette monstrueuse assertion qu'en essayant de l'étayer sur des preuves? la finesse germaine, dont il est imbu profondément, lui a révélé que s'il ne donnait point à ce paradoxe une sorte de sanction probante ou tout au moins démonstrative, sa violence même empêcherait ses lecteurs de lui accorder la moindre attention et par conséquent le plus mince crédit. Il s'est donc drapé avec gravité dans sa toge doctorale et a fait suivre immédiatement sa proposition de cette explication mirifique : « *L'erreur de l'opéra consiste en ce qu'on a fait* D'UN MOYEN DE L'EXPRESSION — *la musique* — *le but, et* DU BUT DE L'EXPRESSION — *le drame* — UN MOYEN. »

O grand Molière, qui expliquais si logiquement pourquoi le cœur était à droite et la rate à gauche, que n'aurais-tu découvert en d'aussi profondes et d'aussi graves paroles! M. Wagner définit le drame, *le but de l'expression* — comme si le dramaturge se proposait simplement de faire un drame et non point de manifester certaines sensations, certaines idées, certains sentiments qui débordent de son âme — et il définit aussi la musique *le moyen de l'expression.* Or, comme ses devanciers ont confondu, selon lui, le but et l'expression... voilà pourquoi votre fille est muette. Voilà pourquoi *Don Juan* ne vaut pas le *Vaisseau-Fantôme* et comment il se fait que M. Wagner est le plus grand musicien, théoricien, praticien et esthétitien des temps passés, présents et futurs.

En langage omins pédantesque, M. Wagner signifie au monde musical que de telles audaces laissent assez froid, du reste, que dans l'opéra le drame n'a été jusqu'ici qu'un prétexte à musique et que la musique n'a pas été l'expression véritable des drames qu'elle était destinée à rendre sensibles.

Ainsi Lulli, Rameau, Gluck, Mozart, Beethoven Weber, Spontini, Chérubini, Meyerbeer ont tous versé lamentablement dans *l'erreur;* et chez Meyerbeer principalement, l'auteur des *Huguenots,* cette œuvre où la musique vit du drame comme l'écorce de l'arbre, au dire de M. Wagner, *l'erreur* devient plus saisissable encore dans son horrible nudité. Ainsi pour tous ces grands musiciens la production de la musique, suivant la théorie que nous venons d'exposer plus haut; n'a été que le but et le drame que le moyen.

Naturellement M. Wagner, ce docteur qui a diagnostiqué les causes et pronostiqué les phases de la maladie, tient le remède en réserve. Le remède est dans ses œuvres. Hélas ! bien des gens le trouveront peu de leur goût. Il affirme encore une fois qu'il est le révélateur messiaque du drame lyrique. A de telles naïvetés, à de pareilles prétentions on ne saurait opposer utilement ni raisonnements, ni railleries. Aussi ne saurions-nous mieux faire, pour les réduire à leur néant que de placer en regard des affirmations de M. Wagner l'admirable préface que Gluck plaça en tête d'*Alceste* :

« Lorsque j'entrepris de mettre en musique l'opéra d'*Alceste,* dit-il, je me proposai d'éviter tous les abus que la vanité mal entendue des chanteurs et l'excessive complaisance des compositeurs avaient introduits dans l'opéra italien, et qui du plus pompeux et du plus beau de tous les spectacles en avaient fait le plus ennuyeux et le plus ridicule.

Je cherchai à réduire la musique à sa véritable fonction, celle de seconder la poésie pour fortifier l'expression des sentiments et l'intérêt des situations sans interrompre l'action ni la refroidir par des ornements superflus. Je crois que la musique devait ajouter à la poésie ce qu'ajoutent à un dessin correct et bien composé la vivacité des couleurs et l'accord heureux des lumières et des ombres, qui servent à animer les figures sans altérer les couleurs.

« L'imitation de la nature est le but que doivent se proposer les arts, c'est celui auquel je tâche d'atteindre. Toujours simple et naturelle autant qu'il m'est possible, ma musique ne tend qu'à la plus grande expression, et au renforcement de la déclamation de la poésie ; c'est la raison pour laquelle je n'emploie point les *trilles*, les *passages* ni les *cadences* que prodiguent les Italiens.

« Je me suis bien gardé d'interrompre un acteur dans la chaleur du dialogue pour lui faire entendre une ennuyeuse ritournelle, ou de l'arrêter au milieu de son discours sur une voyelle favorable, soit pour déployer dans un long passage l'agilité de sa belle voix, soit pour attendre que l'orchestre lui donnât le temps de reprendre haleine pour faire un point d'orgue.

« Je n'ai pas cru non plus devoir passer rapidement sur la seconde partie d'un air, lorsque cette seconde partie était la plus passionnée et la plus importante, afin de répéter régulièrement quatre fois les paroles de l'air ; ni finir l'air où le sens ne finit pas, pour donner au chanteur la facilité de faire voir qu'il peut varier de plusieurs manières un passage.

« Enfin, j'ai voulu proscrire tous les abus contre lesquels depuis longtemps se récriaient en vain le bon sens et le bon goût.

« J'ai imaginé que l'ouverture devait prévenir les spectateurs sur le caractère de l'action qu'on allait mettre sous leurs yeux, et leur en indiquer le sujet ; que les instruments ne devaient être mis en action qu'en proportion du degré d'intérêt et de passion, et qu'il fallait éviter surtout de laisser dans le dialogue une disparate trop tranchante entre l'air et le récitatif, afin de ne pas tronquer à contre-sens la période et de ne pas interrompre mal à propos le mouvement et la chaleur de la scène.

« J'ai cru encore que la plus grande partie de mon travail devait se réduire à chercher une belle simplicité, et j'ai évité de faire parade de difficultés aux dépens de la clarté ; je n'ai attaché aucun prix à la découverte d'une nouveauté, à moins qu'elle ne fût naturellement donnée par la situation, et liée à l'expression, enfin il n'y a aucune règle que je n'aie cru devoir sacrifier de bonne grâce en faveur de l'effet.

« Voilà mes principes. Heureusement ce poëme se prêtait à merveille à mon dessein ; le célèbre auteur de l'*Alceste* ayant conçu un nouveau plan de drame lyrique, avait substitué aux descriptions fleuries, aux comparaisons inutiles, aux froides et sentencieuses moralités de passions fortes, des situations intéressantes, et un spectacle toujours varié. Le succès a justifié mes idées, et l'approbation universelle dans une ville aussi éclairée, m'a démontré que la simplicité et la vérité sont les grands principes du beau dans les productions des arts. »

Le lecteur doit être maintenant convaincu que M. Wagner n'est qu'un faux prophète et que l'auteur d'*Iphigenie en Tauride* avait, près d'un siècle avant que ce bel esprit souabe s'occupât et

se préoccupât de l'avenir du drame lyrique, déterminé des règles d'esthétique musicale dont l'expérience a démontré l'irréfragable souveraineté !

Le litige principal est donc vidé et l'arrêt prononcé par le bons sens et le bon goût public ; il
est démontré que M. Wagner ne considère la critique que comme un moyen d'exalter sa personne et
de glorifier ses œuvres. Pourrait-on rester surpris,
après cela de cette déclaration que la « critique
vit de l'entretien perpétuel de l'erreur ? » Il atteste
d'ailleurs au même endroit que l'erreur « est le
progrès. » Nous serions assez volontiers de son
avis s'il consacre ses théories musicales et esthétiques comme une des formes du progrès.

[illegible]

L'OPÉRA ET LE DRAME [1]

I

Toute chose vit et existe en vertu des nécessités, des exigences de son être. Il était dans la nature de la musique de se prêter à l'expression la plus variée et la plus exquise; et jamais elle n'eût acquis cette puissance si elle ne se fût trouvée, en face de la poésie, dans une situation qui l'obligeait à répondre à toutes ses exigences, alors même que ces exigences avaient l'impossible pour objet.

L'art musical doit ses formes à la danse et à la chanson. Quant le poëte voulut se servir de la musique pour renforcer l'expression du drame, il la trouva sous cette forme limitée de la danse et de la chanson, forme qui n'était que l'expression rudimentaire de ce qu'elle devait donner un jour. Si la musique était restée, vis-à-vis de la poésie, dans

---

[1] Fragment, traduit de l'allemand, d'après les œuvres complètes de M. R. Wagner : *Gesammelte Schriften und Dichtungen ;* chez l'éditeur Fritzch Leipzig.

la situation qu'occupe aujourd'hui le poëte vis-à-vis du musicien, elle n'eût pu être employée par lui que dans une mesure fort limitée et ne fût jamais parvenue à la puissance d'expression qu'on lui reconnaît à présent. Il fallait donc que le musicien crût possible la réalisation de desseins irréalisables ; il fallait que la musique tombât dans cette erreur, — elle qui n'est qu'un simple mode d'expression — de vouloir déterminer d'une façon claire et complète certaines idées, de s'engager dans la téméraire entreprise de concevoir des plans, d'exprimer des pensées absolues, lorsqu'en réalité elle doit se renfermer dans un rôle secondaire.

La musique dans l'opéra s'est en conséquence développée en deux sens bien différents : dans le genre sérieux, grâce à tous les musiciens qui croyaient que leur art assumerait, sur lui, la reponsabilité de réaliser le but du drame ; dans le sens frivole, grâce aux musiciens qui, sentant d'instinct l'impossibilité de résoudre un problème contraire à la nature des choses, tournèrent le dos à ce problème, et préoccupés exclusivement de jouir des avantages que sa grande extension avait faits à la musique, s'adonnèrent sans réserve à une sorte d'empirisme musical. Il est nécessaire d'envisager d'abord le premier côté, le côté sérieux.

Nous savons déjà que la base musicale de l'opéra est l'air; mais l'air à son tour n'est autre chose que la chanson populaire chantée par l'artiste devant le public aristocratique, — chanson dont on avait supprimé les paroles pour les remplacer par celles du poëte requis pour cet office. La transformation du *lied* populaire en air d'opéra fut donc l'œuvre du chanteur auquel il importait moins de donner à l'air son expression vraie que de manifester ses facultés artistiques; il déterminait les pauses qui lui étaient nécessaires, l'alternance de l'expression musicale, tour à tour émue ou calme, les passages qui lui permettaient de s'affranchir de toute contrainte rhythmique ou mélodique, déployait toute sa fantaisie, toute son habileté. Le chanteur recevait du compositeur comme le compositeur l'avait reçue du poëte la matière sur laquelle le premier exerçait sa virtuosité.

Il faut bien nous pénétrer de ces rapports originels entre les facteurs artistiques de l'opéra pour comprendre comment, dans la suite, tous les efforts faits pour les rétablir dans leur vérité ne purent que les troubler davantage.

A la cantate dramatique vint bientôt s'ajouter le ballet, grâce au désir des hommes riches de varier leurs plaisirs. La danse et les airs de danse furent empruntés à la danse populaire aussi arbitrairement que l'air d'opéra avait été emprunté à la chanson populaire: la danse vint se juxtaposer au chant sans pouvoir s'y marier, et ainsi naquit pour le poëte la tâche contraire à la nature des choses de relier, dans un ensemble quelconque, les manifestations des talents qu'il avait à faire valoir. Un enchaînement dramatique devenu de plus en plus nécessaire, devait réunir ce qui en réalité n'exigeait aucune liaison, de telle sorte que les intentions du drame furent dominées par des influences purement extérieures. Le chant et la danse restèrent complétement séparés, n'ayant d'autre but que de mettre en relief le talent du danseur ou du chanteur; c'est dans le récitatif seul qui, par nécessité, leur servait de lien, que le poëte pouvait exercer son activité purement secondaire et que le drame pouvait donner signe d'existence.

Mais le récitatif, lui-même, n'était pas une inven-

.tion nouvelle destinée à introduire le drame dans l'opéra; longtemps avant que cette façon musicale de parler fût introduite dans l'opéra, l'Église chrétienne en avait fait usage pour les versets bibliques. Cette cadence que les prescriptions rituelles eurent bientôt rendue banale, qui avait ainsi perdu toute expression, passa dans l'opéra où l'arbitraire musical lui imposa toutes sortes de transformations ; de là, sortit avec l'air, le ballet et le récitatif, tout le matériel du drame musical, tel qu'il s'est conservé jusqu'à nos jours. Les combinaisons dramatiques qui servaient de soutien à cette machine, devinrent également des clichés. Empruntées le plus souvent à la mythologie grecque qu'on comprenait mal, elles formèrent bientôt un appareil théâtral entièrement incapable d'éveiller l'intérêt, mais qui en revanche possédait la qualité de se prêter, à volonté, à la fantaisie des compositeurs; c'est ainsi que les musiciens les plus dissemblables composèrent successivement des partitions sur les mêmes textes.

La révolution si célèbre opérée par Gluck, et que beaucoup d'ignorants considèrent comme ayant amené un changement radical dans la manière de comprendre l'opéra, n'eut en réalité d'autre effet que

d'affranchir le compositeur du caprice du chanteur.
Le compositeur qui, après le chanteur, avait le plus
attiré sur lui l'attention du public — car c'était lui
qui fournissait au talent du chanteur une matière
toujours nouvelle — sentit que le chanteur lui faisait tort et voulut façonner cette matière à sa propre
guise, de manière que le public appréciât aussi *son*
œuvre. Deux voies étaient ouvertes au compositeur
pour atteindre son but ambitieux. Il pouvait développer le sens purement matériel de l'air, en mettant
à profit tous les moyens musicaux qui existaient, et
même en inventer. Ou bien, — et c'est la voie
où nous allons entrer maintenant, — il pouvait li-
miter l'arbitraire dans le débit de l'air en cherchant
à lui donner une expression répondant au sens des
paroles. Si ce texte, par sa nature, devait éveiller
des sentiments, il y avait longtemps que les chanteurs et les compositeurs avaient eu spontanément
l'idée de donner à leur virtuosité le caractère de la
chaleur. Gluck n'était certes pas le premier qui eût
écrit des airs où le sentiment se fît jour, par plus
que ses chanteurs n'étaient les premiers qui les
eussent dits avec expression.

Ce qui fait de Gluck l'initiateur d'un changement complet dans la position respective des facteurs artistiques de l'opéra, c'est la *forme voulue et raisonnée* qu'il indique comme une nécessité aussi bien pour l'air que pour le récitatif auxquels il faut donner une expression conforme au sens du texte. A partir de ce moment, le droit de dessiner le plan d'un opéra passe définitivement au compositeur ; le chanteur devient l'*organe de l'intention du compositeur*. Cette intention consiste en ce qu'une expression vraie devait répondre désormais au sens dramatique du texte. On mit ainsi obstacle au stupide amour-propre du virtuose, mais quant à l'organisme de l'opéra, rien ne fut changé à cet égard. L'air, le récitatif et le ballet restaient isolés l'un de l'autre dans l'opéra de Gluck, comme ils le furent auparavant et comme ils le sont encore de nos jours.

La position du poëte à l'égard du compositeur ne fut modifiée en rien ; au contraire, le compositeur devint un maître plus tyrannique depuis le jour où, ayant conscience de sa haute mission, il eut à décider du plan général de l'opéra. Le poëte ne songea même pas à se mêler de la conception de ce plan ; il n'envisageait la musique que dans les formes étroites et précises qu'il avait devant lui et qui liaient le musicien lui-même. Il ne lui serait pas venu à l'esprit de tirer prétexte des nécessités dramatiques pour modifier ces formes de façon à ce qu'elles cessassent de mettre obstacle au libre développement de la vérité dramatique, car ces formes sacrées pour le musicien lui-même, étaient à ses yeux l'essence même de la musique. Lors donc qu'il eut à s'occuper de la composition d'un texte d'opéra, il devait plus soigneusement encore que le musicien, veiller à observer ces formes et tout au plus s'en remettre au musicien pour les élargissements et les développements qu'il pouvait subir, mais non imposer. C'est ainsi que le poëte, pénétré d'un saint respect pour le musicien, loin de contester à celui-ci la dictature dans l'opéra, ne fit que la lui assurer davantage.

La pensée de tirer parti de la position qu'on venait de conquérir pour agrandir réellement les formes connues alors, ne vint qu'aux successeurs de Gluck. Ces successeurs (parmi lesquels nous rangeons les compositeurs d'origine française et italienne qui à la fin du dernier siècle et au commencement de celui-ci écrivaient pour les théâtres parisiens), en mettant

encore plus de chaleur et de vérité dans l'expression,
donnèrent à leurs morceaux de chant une base de
plus en plus étendue. Les coupures primitives de
l'air, quoique maintenues au fond, furent présentées
d'une manière plus variée, les morceaux de transition furent eux-mêmes soumis à l'expression ; le récitatif se rattacha d'une manière moins arbitraire à
l'air, y pénétra même comme expression nécessaire.

Mais l'extension la plus considérable de l'air consiste en ce que plus d'*un* personnage fut appelé à
participer à son débit, quand les besoins dramatiques l'exigeaient. Ainsi disparut avantageusement
le caractère essentiellement *monologique* de l'ancien
opéra. Les duos et les trios étaient connus depuis
longtemps ; le caractère de l'air ne fut, au fond,
modifié en rien par ce fait que deux ou trois personnages chantèrent dans le même morceau ; l'air,
au point de vue de la mélodie et du ton thématique,
resta semblable à lui-même, qu'il fût débité sous
forme de monologue ou de duo ; les seuls changements qu'il subit furent des changements matériels,
consistant en ce que les phrases musicales furent
chantées par plusieurs voix, alternativement ou en
chœur.

Rendre la musique susceptible d'expression vive, variée et individuelle, telle fut la tâche et l'œuvre de ces compositeurs, telle que cette œuvre se montre dans *l'ensemble du drame-lyrique*. Le fond musical de cet ensemble, ce furent toujours l'air, le récitatif et le ballet; seulement, comme on avait reconnu la nécessité de donner à cet air et à ce récitatif une expression musicale en harmonie avec le texte, il fallait logiquement étendre la vérité de cette expression à tout ee qui, dans ce texte, se rattachait à l'ensemble dramatique. De l'effort sérieux qu'on fit pour réaliser cette conséquence nécessaire, naquit l'extension des vieilles formes musicales de l'opéra, telle que nous l'observons dans les opéras sérieux de Cherubini, de Méhul et de Spontini. On peut dire que ces œuvres ont accompli tout ce que Gluck voulait ou pouvait vouloir accomplir; elles ont atteint définitivement tout ce qui se pouvait dans la forme primitive de l'opéra, se créer de naturel, c'est-à-dire de conforme à la logique.

Le plus jeune de ces trois maître, — Spontini, était si pleinement persuadé d'avoir réalisé tout ce qu'il est possible d'atteindre dans le genre de l'opéra; il croyait si fermement à l'impossibilité de dépasser ses propres œuvres, que, dans toutes les productions artistiques qui suivirent les œuvres de sa grande période parisienne, il ne fit pas la moindre tentative de dépasser, en forme ou en importance, le point de vue auquel il se plaçait dans ces œuvres. Il se refusa opiniâtrément à voir dans le développement romantique de l'opéra autre chose qu'une décadence manifeste de l'opéra. Il dut faire, à ceux auxquels depuis il s'ouvrait là-dessus, l'effet d'un homme entiché, jusqu'à la folie, de ses propres œuvres, et cependant il ne faisait qu'exprimer une conviction basée sur une appréciation très-saine de la nature de l'opéra. Spontini pouvait dire, à bon droit, à propos de la naissance du nouvel opéra :

« Avez-vous donné à la forme essentielle des éléments musicaux de l'opéra un développement plus large? Ou bien, quand vous avez voulu dépasser cette forme, avez-vous pu faire quelque chose de passable et de sain? Les parties mauvaises de vos œuvres ne sont-elles pas mauvaises parce que vous avez voulu sortir de ces formes, et quand vous avez fait quoi que ce soit de bon, l'avez-vous pu faire autrement qu'en vous maintenant dans ces formes?

Et cette forme, où se montre-t-elle plus grandiose, plus large et plus étendue que dans mes trois grands opéras parisiens? Qui oserait dire qu'il a réalisé cette forme plus brillamment et plus énergiquement que je ne l'ai fait moi-même? »

Il serait difficile de donner à Spontini une réponse qui puisse le confondre; plus difficile encore de lui prouver que lorsqu'il *nous* tient pour fous, il est fou lui-même. C'est que dans Spontini c'est la voix honnête et convaincue du musicien qui parle et qui s'exprime ainsi : « Si le musicien doit rester maître du plan de son opéra, il lui est impossible, s'il ne veut pas mettre à jour toute son impuissance, d'aller plus loin que je ne suis allé moi-même. » Cela veut dire involontairement : « Si vous voulez *davantage,* il faut que vous vous adressiez non au musicien, mais au *poëte.* »

Mais comment se comporta le poëte à l'égard de Spontini et de ses contemporains? La forme musicale de l'opéra eut beau s'agrandir, la faculté d'expression, contenue en elle, eut beau se développer, la position du poëte ne fut modifiée en rien. Il resta toujours le simple préparateur du canevas qu'il remettait au compositeur. Quand celui-ci, grâce aux succès obtenus, sentit grandir sa puissance pour se mouvoir librement dans ses formes, il en vint à recommander au poëte d'être moins craintif et moins embarrassé ; il lui dit en quelque sorte : « Vois ce que je puis ! ne te gêne pas, fie-toi en ma capacité de résoudre en musique les combinaisons dramatiques les plus osées ! » C'est ainsi que le poëte fut entraîné à la suite du musicien ; il eut honte de présenter à son maître un cheval de bois, quand il le savait en état de monter un vrai cheval et de tenir les rênes avec vigueur — les rênes qui devaient guider le cheval dans la carrière aplanie de l'opéra, et sans lesquelles ni musicien, ni poëte n'osaient le monter, de peur que s'élançant par-dessus les barrières il ne retournât dans sa patrie naturelle, sauvage et splendide.

Le poëte gagnait sans doute en importance ; mais il ne faisait que suivre le musicien et ne s'élevait que dans la mesure où celui-ci s'élevait lui-même. Le poëte n'eut à se régler dans la disposition de la matière et même dans le choix du sujet, que sur les possibilités purement musicales que lui indiquait le compositeur ; et en dépit de la gloire qu'il commençait, lui aussi, à récolter, il resta simplement un homme habile , capable de servir utilement le compositeur dramatique. Puisque celui-ci n'envisageait pas autrement lui-même la position du poëte, il était obligé de se considérer comme le véritable auteur responsable de l'opéra et en rester légitimement au point de vue de Spontini, convaincu que ce point de vue lui permettait de réaliser tout ce qu'il est possible au musicien de réaliser.

Mais que le drame lui-même renfermât des possibilités auxquelles l'opéra ne pouvait aucunement se prêter, c'est ce qui ressort maintenant clairement pour nous, mais c'est ce que les compositeurs et les musiciens de cette époque ne pouvaient pas soupçonner.

De toutes les possibilités dramatiques, ils ne pouvaient songer qu'à celles qu'on pouvait réaliser dans la forme musicale de l'opéra, laquelle est absolument limitée. Les larges développements, l'excessive longueur des motifs, dont le musicien avait besoin pour s'exprimer dans sa langue, d'une façon intelligible, les moyens purement musicaux qui lui étaient nécessaires pour mettre en quelque sorte sa cloche en branle, de manière à lui faire rendre un son répondant clairement à un caractère déterminé, tout cela créait au poëte le devoir de ne s'occuper que d'une espèce particulière de conceptions dramatiques, de celles qui eussent assez d'espace pour laisser libre carrière à l'invention du musicien. La rhétorique, le cliché étaient pour le poëte un devoir, car c'est sur ce terrain seul que le musicien pouvait trouver la latitude qu'il réclamait, mais qui, en réalité, était tout à fait anti-dramatique.

Si le poëte avait fait parler ses héros d'une façon serrée et précise, il n'aurait obtenu d'autre résultat que de s'attirer le reproche d'avoir rendu son poëme impraticable pour le compositeur. Le poëte, forcé de mettre dans la bouche de ses héros des phrases banales et vides, n'aurait pas pu, avec la meilleure volonté du monde, donner à ses personnages un caractère réel et imprimer à l'ensemble de leurs actions le cachet de la pleine vérité dramatique. Son drame était tout au plus un prétexte de drame ; quant à songer à tirer les conséquences de son *vrai but* cela ne pouvait même pas lui venir à l'idée. Il ne faisait, à proprement parler, que traduire le drame dans la langue de l'opéra, de telle sorte que, le plus souvent, il mettait en œuvre pour l'opéra des pièces représentées jusqu'à satiété sur les scènes ordinaires, comme c'était le cas à Paris pour les tragédies du Théâtre-Français.

Le drame, condamné au néant et au vide, consiste, dès lors, dans les intentions du compositeur ; c'est de lui qu'on attendait ce à quoi le poëte avait d'avance renoncé. C'est à lui, au compositeur, qu'échut le travail de remédier, s'il y avait lieu, au néant et au vide de l'œuvre prise dans son ensemble ; la tâche lui échut de concevoir lui-même et d'appeler le drame à la vie en se plaçant à son propre point de vue, c'est-à-dire au point de vue de l'*expression* dont il dispose. A vrai dire, le musicien avait à imaginer lui-même le drame, à faire de sa musique non-seulement l'expression, mais le *fond ;* et ce fond devait, conformément à la nature des choses, être le drame même.

C'est ici que commence de la façon la plus manifeste la singulière confusion des idées sur la nature de la musique, confusion qui se manifeste par l'adjectif « dramatique ». La musique, qui est un art d'*expression*, ne peut être *vraie* que dans cette expression, ne doit avoir d'autre objectif que ce qu'elle doit exprimer. Tel est son unique but. Mais une musique qui veut être plus que cela, qui ne veut plus exprimer exclusivement un sujet donné; mais qui veut remplir elle-même le tout n'est plus au fond la musique, mais un monstre d'abstraction, produit incestueux de la musique et de la poésie, et qui ne peut se réaliser que comme caricature. Malgré toutes les tendances opposées, la musique, la musique vraiment efficace, est restée une expression, et les efforts qu'on a faits pour en faire la substance même du drame, n'ont abouti qu'à amener forcément la décadence de l'opéra, et, par suite, à mettre en relief le caractère anti-naturel de cette branche de l'art.

Mais si la base et le fond de l'opéra chez Spontini sont le vide et le néant, si la forme musicale dont ce fond se revêt est bornée et pédantesque, elle n'en était pas moins une sincère manifestation de ce qu'il est possible de réaliser, sans violer la nature des choses jusqu'à la démence. L'opéra moderne est, au contraire, la claire manifestation de la démence. Pour en approfondir la nature, il faut que nous nous occupions maintenant d'une autre question, je veux parler du développement de l'opéra, dans le genre que nous avons appelé *frivole* et qui, en se combinant avec la direction sérieuse dont nous venons de nous occuper, a produit ce monstre étrange que beaucoup de gens sensés, en apparence, nomment souvent « l'opéra dramatique moderne. »

II

Revenons maintenant à la nature de l'air :

Aussi longtemps qu'on composera des airs, le caractère fondamental de cette forme artistique restera absolument musical. La chanson populaire sortit de l'action combinée et simultanée de la poésie et de l'art musical, par opposition à l'art, s'il nous est permis à nous, qui presque seul (1), en comprenons la signification vraie, de le décorer du nom d'art et que nous ferions peut-être mieux d'appeler : la manifestation involontaire de l'esprit populaire par les facultés artistiques. Ici, poésie et musique ne font qu'un. Le peuple ne s'avise jamais de chanter ses chansons sans texte ; il n'y a pas d'air pour le peuple s'il n'y a pas de vers. Si l'air varie avec le cours du temps et les transformations de la race, le vers varie également, le peuple ne concevant pas de séparation.

---

(1) Vit-on jamais pareille outrecuidance ?
(Note du traducteur.)

Pour lui ces deux choses forment un tout indivisible, comme l'homme et la femme. L'homme riche entendait de loin cette chanson populaire ; du fond de son palais il écoutait les moissonneurs. La mélodie seule arrivait jusqu'à lui, le texte se perdait dans le lointain.

Cet air, c'était le *parfum* enchanteur de la fleur ; le texte, c'était le *corps* même de cette fleur avec tous ses organes délicats. Or, l'homme de luxe, qui voulait jouir seulement par son odorat et non par ses yeux, détacha le parfum de la fleur, le distilla, le versa dans des flacons pour pouvoir le porter sur lui à volonté, pour en parfumer ses habits quand fantaisie lui en prenait. Pour qu'il eût pu se réjouir également de l'*aspect* de la fleur, il lui aurait fallu en approcher, descendre de son palais dans les prés, se frayer un passage à travers les branches et les feuilles, et l'homme riche n'en avait aucune envie.

C'est avec cette essence odorante qu'il distrayait l'ennui de sa vie, le néant de son cœur, et le produit artistique qui naquit de cette fécondation contre nature, ce fut l'*air de l'opéra*. Cet air resta, quelque variées que fussent les combinaisons arbitraires qu'il dut subir, éternellement stérile ; il resta ce qu'il

était et ce qu'il ne pouvait pas ne pas être : une
pure abstraction musicale. Toute la partie vocale
de l'air s'envola dans la mélodie ; celle-ci fut chantée, râclée et sifflée, sans qu'on se doutât qu'elle
dût reposer sur un texte. Mais, plus les expériences
de toute sorte, auxquelles on soumit ce parfum
pour lui donner un corps quelconque, jusqu'à en faire
le prétexte sérieux du drame, étaient nombreuses
plus on sentait qu'à force de se mêler avec des éléments étrangers il perdait de sa force et de sa grâce
voluptueuse. Or, celui qui rendit à ce parfum si peu
naturel, un corps factice, il est vrai, mais imitant
à s'y méprendre le corps naturel d'où jadis on avait
tiré ce parfum, pour le lancer de la plénitude de sa
nature dans les airs ; ce fabricant extraordinairement
habile de fleurs artificielles qu'il formait de velours
et de soie, les revêtant de couleurs variées ; celui qui
humectait leur calice desséché de ce parfum distillé,
et avec tant d'art que ce produit trompeur ressemblait presque à une vraie fleur ; ce grand artiste fut *Giaccomo Rossini*.

Ce parfum mélodique avait trouvé dans Mozart
une nature humaine, vigoureuse, entière, artistique,
un terrain si fertile, que la belle fleur de l'art vrai

s'épanouit en plongeant notre âme dans le ravissement. Mais chez Mozart même il ne trouva cet
aliment que lorsque sa nature entièrement musicale
put s'unir avec une poésie saine et humaine, et ce
ne fut qu'un heureux hasard lorsque ce phénomène
se rencontra. Quand cet esprit fécondant abandon-
nait Mozart, ce qu'il y avait d'artificiel dans ce
parfum ne pouvait se conserver qu'artificiellement,
c'est-à-dire péniblement et sans vie véritable et nécessaire ; la mélodie, quelque soin qu'on mît à la
cultiver, végéta dans un formalisme froid, seul
héritage que le défunt pouvait laisser à ses héritiers (1).

Ce que Rossini, aux premières heures de sa jeunesse exubérante, observa autour de lui, ne fut que
la moisson de la mort. S'il jetait les yeux sur l'o-
péra sérieux français, sur l'opéra prétendu dramatique, il ne voyait avec toute la pénétration de la
jeunesse qu'un cadavre fastueux, que Spontini ne
réussissait pas à ranimer, puisque lui-même, comme
pour une apothéose solennelle, était en train de

---

(1) Peut-être aurait-il mieux valu supprimer ce galimatias prétentieux, mais nous l'avons conservé comme
pendant à la musique de M. Wagner.
                    (*Note du traducteur.*)

s'embaumer tout vivant. Rossini arracha au visage de ce cadavre son masque trompeur, comme pour scruter le fond de sa vie d'autrefois. A travers son splendide suaire, il découvrit le vrai fond de cette vie : *la mélodie*. S'il considérait l'opéra italien et l'œuvre des héritiers de Mozart, il ne rencontrait encore que la mort seule, —la mort dans des formes vides. La vie se révéla à lui dans la mélodie pure et simple, sans aucun de ces prétextes de caractère qui devaient lui paraître trompeurs, quand il considérait ce qu'ils avaient engendré de violent et de médiocre.

Mais Rossini voulait vivre, et il comprit très-bien qu'il devait vivre avec ceux qui avaient des oreilles pour l'entendre. La mélodie lui était apparue comme la seule chose vivante dans l'opéra ; il avait donc seulement à se demander de quel genre de mélodie il devait se servir pour être entendu. Dédaignant le commun des pédants, il écoutait là où l'on chantait sans notes écrites, et ce qu'il entendait restait involontairement dans son oreille comme une mélodie agréable à l'ouïe, *absolument mélodique*, c'est-à-dire la mélodie qui n'est que *mélodie*, qui pénètre dans l'oreille on ne sait pas pourquoi, qu'on répète en chantant on ne sait pas davantage pourquoi, qu'on échange aujourd'hui avec celle d'hier et qu'on oubliera demain sans savoir pourquoi, qui résonne mélancoliquement quand nous sommes tristes, qui résonne gaîment quand nous sommes gais, et que nous chantonnons cependant toujours sans savoir pourquoi.

C'est à cette mélodie que s'attaquait Rossini, et c'est ainsi, ô merveille, que le secret de l'opéra fut découvert ! Ce que la réflexion et la spéculation esthétique avaient édifié, les mélodies de Rossini le démolirent aussi aisément qu'une toile d'araignée. Le sort de l'opéra « dramatique » fut analogue à celui de ces problèmes scientifiques qui reposent sur une conception fausse et que les études les plus profondes ne peuvent que rendre plus insolubles, jusqu'à ce qu'enfin l'épée d'Alexandre accomplisse son œuvre, qu'elle tranche le nœud par le milieu, qu'elle en disperse les fragments en tous sens. Cette épée d'Alexandre fut précisément celle dont Rossini se servit ; il trancha, lui aussi, le nœud, quand il rendit le public du monde entier témoin de cette vérité évidente : que les gens voulaient simplement entendre de « jolies mélodies » et que les artistes qui avaient l'idée d'exprimer et d'expliquer le but du drame par l'expression musicale n'étaient que des égarés.

Tout le monde acclama Rossini qui avec un art particulier s'entendait à merveille à mettre en relief les mélodies. Il laissa de côté toute organisation de la forme. Il remplit le moule le plus simple, le plus sec et le plus superficiel qu'il put trouver, du seul élément entièrement conséquent dont il eût besoin ; — de la mélodie qui enivre à la façon d'un narcotique. Sans se soucier de la forme, qu'il laissait absolument de côté, il consacra tout son génie aux jongleries les plus amusantes qu'il put exécuter dans le genre. Aux chanteurs qui, auparavant, étaient obligés de s'étudier à exprimer dramatiquement un texte ennuyeux et insignifiant, il disait : « Faites des paroles ce que vous voudrez, mais n'oubliez pas de vous faire applaudir par des roulades amusantes et des entrechats méthodiques. » Et les chanteurs lui obéissaient volontiers.

Aux instrumentistes, qui auparavant étaient dressés à accompagner avec ensemble des phrases pathétiques de chant, il disait : « Prenez-en à votre aise ; mais que chacun de vous n'oublie pas de se faire applaudir pour son talent particulier, toutes les fois qu'un solo en fournit l'occasion. » Les instrumentistes lui en eurent une profonde reconnaissance. Au librettiste, qui auparavant suait sang et eau pour seconder les vues capricieuses et embarrassées du compositeur dramatique, il disait : « Cher ami, fais ce que bon te semblera, car je n'ai plus du tout besoin de toi. » Et le librettiste lui sut un gré infini pour l'avoir débarrassé d'une tâche amère et ingrate (1).

Mais le monde civilisé tout entier divinisa Rossini pour tous ses bienfaits, et il avait pour cela d'excellentes raisons. Qui, en effet, avec autant de talent eut pour le monde autant de complaisances que Rossini? S'il apprenait que le public de telle ville aimait particulièrement entendre les roulades des chanteuses et que le public de telle autre ville préférait le chant langoureux, il donnait à ses chanteurs exclusivement des roulades pour la première ville et exclusivement du langoureux pour la seconde.

---

(1) M. Wagner, pour les besoins de la cause, prête à Rossini des sottises qu'il n'a jamais dites. Oserait-il prétendre, par exemple, que dans *l'andante* sublime du trio de *Guillaume Tell*, Rossini n'a pensé qu'à faire de la mélodie, sans se soucier des paroles ?

(Note du Traducteur.)

Savait-il qu'*ici* on aimait le tambour dans l'orchestre, immédiatement il faisait commencer l'ouverture d'un opéra champêtre par un roulement de tambour; lui disait-on que *là* on avait une passion folle pour le crescendo dans les phrases d'ensemble, sans retard il donnait à son opéra la forme d'un crescendo revenant sans cesse. Il lui arriva une *seule* fois d'avoir à se repentir de sa complaisance : on lui conseilla, pour Naples, de travailler avec plus de soin, de soigner davantage sa phrase. Son opéra, solidement travaillé, ne réussit pas, et Rossini se promit bien de ne plus jamais rien soigner, même quand on le lui demanderait.

Il n'y avait chez Rossini ni vanité, ni outrecuidance, lorsque, considérant le succès immense de sa musique d'opéra, il disait en riant à la figure des gens qu'il avait trouvé le vrai secret de l'opéra, secret après lequel ses prédécesseurs avaient couru en vain. Quand il affirmait qu'il lui serait facile de faire oublier les ouvrages de ses plus grands devanciers, sans excepter le *Don Juan* de Mozart, et rien qu'en les refaisant à *sa* manière, ce n'était pas par arrogance qu'il s'exprimait ainsi, mais parce qu'il avait le sûr instinct de ce que le public demande à l'opéra. Et, de fait, il n'est pas douteux que l'apparition d'un *Don Juan* rossinien eût confondu les fervents de la musique ; car on peut admettre avec certitude, que celui de Mozart devant le vrai public des théâtres, devant celui qui décide des succès, eût été obligé de céder le pas, sinon pour toujours, du moins pour très-longtemps, au *Don Juan* de Rossini. Car le véritable résultat obtenu par Rossini dans la question de la musique fut celui-ci : il fit du public, avec ses désirs et ses penchants, un vrai « facteur » de l'opéra.

Si le public d'opéra avait le caractère et l'importance du *peuple*, dans le vrai sens de ce mot, Rossini nous apparaîtrait comme un révolutionnaire radical dans le domaine de l'art. En face d'une société qui n'est qu'une excroissance anormale du peuple, qui, dans son inutilité sociale, ne peut être considérée que comme un nid de chenilles rongeant les feuilles saines et nutritives de l'arbre populaire, afin d'en tirer tout au plus la force nécessaire pour passer, comme un essaim de papillons, une existence éphémère et luxueuse, en face d'une classe capable de s'élever à une élégance vicieuse, mais non à une culture vraie et humaine, en face de notre public d'opéra enfin, Rossini n'était pourtant qu'un réactionnaire, tandis que nous devons considérer Gluck et ses successeurs comme des révolutionnaires, impuissants à obtenir des résultats essentiels, mais néanmoins comme des hommes méthodiques et obéissant à des principes (1).

Giaccomo Rossini réagit, avec ses tendances luxueuses et dans le sens logique de sa nature, contre les maximes révolutionnaires de Gluck avec le même succès que le prince de Metternich, son grand protecteur, avait réagi, au nom de la politique inhumaine de l'Europe, contre les maximes des révolutionnaires libéraux qui voulaient, du sein même de cette politique, supprimer complétement les formes antinaturelles et rétablir ce qui est humain et raisonnable. De même que Metternich pouvait, à bon droit, ne comprendre l'Etat qu'avec la monarchie absolue, de même Rossini ne comprit l'opéra qu'avec la mélodie absolue (2).

Avec Rossini finit, à proprement parler, l'his-

______

(1) Faire de Gluck, un impuissant est simplement ridicule.   (*Note du traducteur*).

(2) Les parties mélodiques et les récitatifs de *Guillaume Tell*, donnent un démenti formel à M. Wagner.
                    (*Note du traducteur*).

toire de l'opéra. Cette histoire fut terminée quand sa nature inconsciente eut atteint la plénitude absolue et consciente de son développement, lorsque le musicien fut reconnu comme le facteur absolu et tout-puissant de cette œuvre d'art, lorsque le goût du public des théâtres fut devenu sa règle. Cette histoire fut terminée, lorsque toute idée de drame fut complétement écartée, lorsqu'on eut reconnu que la seule tâche des chanteurs était de plaire à l'oreille et d'exercer leur virtuosité, et qu'il était de leur droit de poser à ce point de vue des exigences au compositeur.

Elle fut terminée, lorsque le grand public musical vit dans la mélodie absolue le caractère, le seul but de la musique, dans la succession sans liens entre eux des morceaux de musique d'opéra la seule contexture de la forme musicale, dans l'effet enivrant d'une soirée d'opéra l'essence même de la musique. Elle fut terminée le jour où Rossini, déifié par l'Europe, vivant heureux dans le sein du plus grand luxe, crut convenable de faire à Beethoven, morose, caché chez lui et tenu presque pour fou, une visite de politesse, que celui-ci ne rendit pas. Que pouvait bien apercevoir l'œil lascif du fils voluptueux de l'Italie, lorsqu'il se plongea dans l'éclat singulier du regard éteint par la douleur, mais encore plein d'aspirations et de hardiesse, de son adversaire incompréhensible pour lui? Peut-être crut-il avoir devant lui la tête de Méduse, que personne ne pouvait regarder sans en mourir? Ce qui est certain, c'est que l'opéra mourut avec Rossini.

Serait-ce dans la grande ville de Paris que les connaisseurs et les critiques les plus cultivés ne pourraient comprendre quelle différence existe entre deux compositeurs célèbres comme Beethoven et Rossini, si ce n'est que l'un appliquait son divin génie à la composition d'opéras, tandis que l'autre l'a consacré à la symphonie? Oui, c'est dans ce séjour splendide de la moderne sagesse musicale que l'opéra devrait recevoir un singulier prolongement d'existence, parce que tout ce qui a commencé d'être se cramponne puissamment à l'existence. On peut comparer l'opéra à l'empire byzantin; comme celui-ci il continuera d'exister, quoique mort intérieurement, tant que subsisteront les conditions antinaturelles qui le maintiennent en vie, jusqu'à ce que viennent les Turcs, qui déjà une fois ont mis fin à l'empire byzantin, barbares assez grossiers pour abreuver leurs chevaux sauvages dans la magnifique église de Sainte-Sophie.

Quand Spontini crut que l'opéra devait mourir avec lui, il se trompait, parce qu'il prenait la « direction dramatique » de l'opéra pour sa nature même ; il ne croyait pas possible qu'un Rossini lui démontrât le contraire. Quand ce dernier, à plus juste titre, considérait l'opéra comme ne devant pas lui survivre, il se trompait moins, parce qu'il savait avoir donné au genre sa plus brillante manifestation, parce que l'opéra lui avait donné une influence universelle et qu'il pouvait admettre ainsi qu'on pourrait l'imiter et non pas le surpasser. Cependant, il se trompait également, en pensant que de toutes les tendances antérieures de l'opéra on ne pourrait pas composer une caricature qui serait acceptée, non-seulement par le public, mais par des critiques d'art, comme une forme nouvelle et essentielle de l'opéra ; car, au temps où il florissait, il ne savait pas encore que les banquiers pour lesquels il avait fait jusqu'alors de la musique s'aviseraient d'en composer eux-mêmes (1).

____

(1) Ces banquiers ne sont autres que Meyerber et Halevy.　　　　　(*Note du traducteur.*)

Oh ! comme il se fâcha, lui, le maître d'ordinaire si léger, comme il devint méchant et moqueur, quand il se vit dépassé, sinon en ingéniosité, du moins en habileté à exploiter la frivolité artistique du public. En se considérant comme un *dissoluto punito*, comme une courtisane supplantée, de quelle honte, de quelle colère ne fut-il pas rempli quand il répondit au directeur de l'Opéra parisien, qui l'invitait à faire de nouveau quelque chose pour les Parisiens : « Je ne reviendrai que lorsque les juifs auront terminé leur sabbat ! » Il fut obligé de reconnaître que, la sagesse de Dieu régissant ce monde, toutes choses trouvent leur châtiment, même la sincérité avec laquelle il avait dit aux gens ce qui en était de l'opéra. Et pour expier sa faute et comme une peine bien méritée, il se fit marchand de poissons et compositeur d'église !

Maintenant, nous avons besoin de faire un nouveau détour pour montrer d'une façon intelligible (1) quelle est la nature de l'opéra dans le présent.

----

(1) Intelligible, lui M. Wagner ! O plaisante ironie ! *(Note du traducteur.)*

III

A partir de Rossini, l'histoire de l'opéra n'est plus autre chose, au fond, que l'histoire de la mélodie et de son interprétation au point de vue artistique spéculatif.

Le succès inouï qui couronna le procédé de Rossini, éloigna involontairement les compositeurs à la recherche de la vérité dramatique dans l'air, de la tentative d'imaginer, pour cet air, une signification logiquement dramatique. La mélodie, elle-même, sur laquelle on l'avait greffé, s'empara désormais de l'instinct comme de la méditation du compositeur. On sentit que le public n'avait pris plaisir à l'air de Gluck et de ses successeurs que dans la mesure où le sentiment général indiqué par le texte, avait reçu dans la partie purement mélodique de cet air, une expression qui, dans sa généralité même, ne se manifestait que comme un motif agréable à l'oreille. Si on le remarque déjà chez Gluck, cela devient plus sensible encore chez le dernier de ses successeurs, Spontini (1).

---

(1) Gluck, Rossini, Meyerber, et tout à l'heure Beethoven, tous se seront trompés !

(Note du traducteur.)

Tous ces sérieux dramaturges musicaux s'étaient plus ou moins trompés eux-mêmes, en attribuant l'effet de leur musique moins à l'essence purement mélodique de leurs airs qu'à l'intention dramatique qu'ils leur avaient donnée. Les théâtres lyriques étaient, de leur temps et surtout à Paris, le lieu de réunion de beaux esprits esthétiques et d'un beau monde qui s'efforçait à être également esthétique et bel esprit. L'intention esthétique sérieuse des maîtres fut accueillie par le public avec respect ; toute la gloire du législateur artistique rayonna autour du musicien, qui entreprenait d'écrire le drame en *notes*, et son public s'imaginait volontiers être saisi par la déclamation dramatique, quand en réalité il était tout simplement entraîné par le charme de la mélodie de l'air. Lorsque le public, émancipé par Rossini, put enfin s'avouer cela franchement et sans détour, il confirma, par là, une vérité tout-à-fait incontestable. Il justifia ce phénomène entièrement logique et naturel : que là, où non-seulement suivant l'opinion extérieure, mais aussi suivant le plan artistique de l'œuvre d'art, la musique est la chose principale, toute la poésie, réduite à l'état de simple auxiliaire et toute intention dramatique indiquée par elle, doivent rester nulles et sans effet, tandis que la musique doit, par son propre pouvoir, produire tout l'effet.

L'intention de vouloir se donner soi-même comme dramatique et caractéristique, ne pouvait que défigurer la musique dans sa nature réelle, et du moment que la musique ne veut pas seulement *concourir* à atteindre un but élevé, mais *agir* seule, cette nature ne pouvait se manifester que dans la mélodie qui est l'expression d'un sentiment *général*.

Les succès indéniables de Rossini durent faire comprendre cela à tout le monde. Si quelques musiciens avaient encore une objection, cette objection consisterait uniquement à considérer le caractère de la mélodie, non-seulement comme superficiel, mais comme n'épuisant pas l'essence de la mélodie en général. A ces musiciens revenaient la tâche artistique de donner à la toute-puissante mélodie l'expression du sentiment humain, qui lui appartient en propre, et à résoudre ce problème. Ils remontèrent jusqu'à la source où l'air avait puisé son existence artificielle, et restaurèrent la musique primitive de la chanson populaire (1).

______

(1) Dès le début, on voit où M. Wagner en veut ve-

Longtemps avant Gluck, — nous l'avons déjà dit, — des compositeurs et des chanteurs doués d'un beau talent et pleins de sentiment, ont réussi par eux-mêmes à donner à l'interprétation des airs d'opéra le charme d'une expression profonde, par la perfection du chant. Malgré *la bravoura* des virtuoses, partout où la contexture du texte le permettait et même lorsque rien ne faisait obstacle à cette expression, ceux-ci parvenaient à agir sur leurs auditeurs en leur communiquant le sentiment vrai et la véritable passion. Ce fait dépendait entièrement de l'heureuse disposition individuelle des musiciens compositeurs d'opéras, et le véritable caractère de la musique s'y montrait supérieur à toute espèce de formule en tant que cet art, par sa nature, se révèle comme le langage immédiat du cœur.

Si dans les développements de l'opéra nous voulons considérer comme la *plus réfléchie* cette tendance dans laquelle Gluck et ses successeurs ont élevé cette propriété si noble de la musique au rang d'ordonnatrice *fondamentale* du drame, nous de-

---

nir : Prouver que les plus grands génies de la musique n'ont fait que lui fournir les motifs d'une réforme dont il se fait le chef, oubliant qu'il n'est que le continuateur d'Hector Berlioz.　　　 *(Note du traducteur)*.

vons par contre appeler tendance *naïve* celle dans laquelle — à savoir dans les théâtres d'opéras italiens — cette propriété se révélait d'elle-même et d'une manière inconsciente chez des musiciens heureusement doués. La première tendance se caractérise par ce fait qu'elle s'est développée à Paris, comme produit importé devant un public qui, peu musicien par lui-même, estime davantage l'ordonnance et le brillant du discours que le sentiment, tandis que la tendance naïve appartient en propre aux fils de la patrie de la musique moderne, l'Italie.

Bien que celui qui donna le plus brillant éclat à cette tendance fût un Allemand, cependant sa haute vocation vint de ce que sa nature artistique avait la limpidité sans trouble et sans tache d'une eau limpide vers laquelle la belle fleur de la musique italienne se penchait comme pour s'y mirer et s'y reconnaître. Mais ce miroir n'était que la surface d'une mer profonde et infinie de désirs et d'espérances qui.... (1).

Voir dans Mozart, un maître qui passe d'une tentative à l'autre pour résoudre le problème de l'o-

---

(1) Je passe ici quelques lignes d'un galimatias aussi prétentieux qu'incompréhensible. (*Note du traducteur*).

péra, c'est une erreur qui, pour être bien jugée, a besoin d'être placée à côté de cette autre erreur qui consiste à attribuer à Mendelssohn de la naïveté. Ce dernier, tout au contraire, se défiant de ses propres forces, ne s'approcha de l'opéra que peu à peu et avec une sorte d'hésitation craintive. L'artiste naïf et véritablement inspiré agit autrement et se plonge dans son œuvre avec insouciance et enthousiasme, et ce n'est que lorsque cette œuvre est terminée, lorsqu'elle se présente à lui réalisée, qu'il tire de ses expériences la force de la réflexion qui, sans doute, le préserve des illusions. Mais lorsque l'enthousiasme le pousse de nouveau vers l'accomplissement d'une œuvre d'art, cette expérience perd de nouveau tout pouvoir sur lui.

Rien ne caractérise mieux la carrière de Mozart comme compositeur d'opéras que son indifférence dans le choix de son sujet. Il songeait si peu à méditer les principes esthétiques sur lesquels se fonde l'opéra, qu'il n'éprouvait pas le moindre embarras à composer sur n'importe quel texte d'opéra, sans se soucier si ce texte était fécond pour lui, musicien. Si nous groupons toutes ses observations esthétiques, nous trouverons que ses réflexions ne le conduisent pas à voir plus loin là-dessus que le bout de son nez. Il était si complétement et si exclusivement musicien, que c'est par lui que nous pouvons comprendre aussi de la façon la plus certaine et la plus convaincante la vraie et seule situation du musicien vis-à-vis du poëte.

Ses productions les plus importantes et les plus décisives pour la musique appartiennent incontestablement au genre de l'opéra, de l'opéra sur la formation duquel il ne songea pas le moins du monde à agir; de l'opéra où il ne montra précisément que ses facultés purement musicales, mais où en revanche il développa fidèlement et sans réserve l'intention poétique, quelle qu'elle fût, et ses facultés poétiques à un tel degré de plénitude que dans aucune de ses compositions ni même dans ses œuvres instrumentales, il n'a poussé aussi loin l'art musical.

La grande et noble simplicité de son instinct purement musical, de son sentiment inné de l'essence de son art, lui permettait de produire, comme compositeur, des effets ravissants et enivrants, quand le poëme était plat et insignifiant. Il connaissait bien moins encore, lui le mieux doué de tous les musiciens, l'art de nos musiciens modernes de construire

sur une base insipide des édifices musicaux étince-
lants d'or et de jouer l'inspiré et l'enthousiaste,
quand le poëme est vide et creux, afin de bien montrer ainsi que le musicien est le personnage principal capable de tout faire, même de créer quelque
chose avec le néant, — absolument comme le bon
Dieu !

Oh ! que j'admire Mozart de n'avoir pu trouver,
pour le *Titus* et pour *Cosi fan tutte*, une musique
comme celle de *Don Juan* ou celle du *Figaro*. Il
était impossible à Mozart d'écrire de la belle musique lorsqu'il n'était pas inspiré. Bien que cette inspiration dût venir de lui et de ses propres facultés,
cependant elle n'était chez lui claire et lumineuse,
que lorsqu'elle était allumée par une cause extérieure, que lorsque le génie du divin amour qui était
en lui rencontrait un objet assez attachant pour
qu'il pût s'y donner tout entier en s'oubliant lui-
même. Et c'est ainsi que le plus absolu de tous les
musiciens, Mozart, eût été l'homme qui depuis
longtemps eût résolu le problème de l'opéra, en
coopérant à la création du drame dans toute sa
beauté, dans toute sa vérité. Mais il lui fallait rencontrer un poëte que lui, musicien, n'eût eu qu'à

aider. Et il ne rencontra pas ce poëte. Un faiseur de livrets d'opéras, tantôt pédantesque et ennuyeux, tantôt frivole et léger, lui présentait des sujets d'airs, de duos et de morceaux d'ensemble qu'il mettait ensuite en musique suivant le degré de chaleur qu'ils éveillaient en lui et de façon à leur donner une expression aussi exacte que le comportait leur texte.

Mozart avait ainsi mis en évidence cette inépuisable faculté de la musique, de répondre pleinement à toutes les exigences du poëte. Malgré sa manière si peu réfléchie de procéder, le brillant musicien, par la vérité de l'expression dramatique, par l'infinie variété de ses motifs, révéla le don de la musique bien mieux que Gluck et ses successeurs. Mais son œuvre fut si loin de présenter quelque chose qui ressemblât à un principe, que toutes les puissantes manifestations de son génie avaient laissé entièrement intact l'échafaudage *formel* de l'opéra ; il s'était contenté de verser dans les formes de l'opéra le torrent de feu de sa musique ; mais ces formes étaient trop faibles pour retenir le torrent ; il s'en échappa pour se diriger là où il pouvait s'étendre librement et sans entraves, jusqu'à ce que nous le retrouvions dans les symphonies de Beethoven, devenu alors une mer immense.

Tandis que dans la musique purement instrumentale les facultés propres de la musique acquéraient une puissance illimitée, les formes de l'opéra, semblables à des murailles calcinées, restèrent nues et glaciales dans leur vieil aspect, attendant l'hôte nouveau qui dût établir en elles son domicile passager. L'importance de Mozart est très-considérable dans l'histoire de la musique en général, mais elle est moindre dans l'opéra, considéré en lui-même comme un genre artistique spécial. L'opéra qui, dans sa forme antinaturelle, n'était lié à aucune loi nécessaire à son existence, pouvait devenir la proie du premier aventurier musical venu.

Nous pouvons, sans inconvénient, laisser de côté l'aspect fort peu agréable que présentent les créations artistiques des prétendus successeurs de Mozart. Un nombre assez grand de compositeurs s'imagina que l'opéra de Mozart pouvait être imité par la forme : ils ne virent pas que cette forme n'était rien, et que le génie musical de Mozart avait tout fait. Personne, en effet, n'a encore réussi à refaire des œuvres de génie; pour cela, les règles ne suffisent pas.

Une seule chose restait à exprimer dans ces formes. Mozart, avec une parfaite naïveté, avait poussé leur contexture purement musicale jusqu'à la dernière perfection ; mais il y avait encore à mettre en pleine lumière le fondement véritable de l'opéra, tel qu'il apparaît dans sa source et à sa naissance ; il fallait qu'il fût dit au monde, clairement et sans équivoque, à quelles vues et à quelles exigences l'opéra devait son origine et son existence ; il fallait montrer que ses tendances avaient pour objet non pas le drame réel, mais une jouissance que l'attirail de la scène ne faisait qu'assaisonner, une jouissance qui, au lieu de saisir et de vivifier l'esprit, ne pouvait qu'étourdir et donner des plaisirs superficiels. C'est en Italie que ces inspirations — inconscientes encore — avaient donné naissance à l'opéra, là qu'il reçut enfin la vie d'une façon consciente.

Mais il fallait en outre que le musicien remplît la tâche à laquelle il était prédestiné. Il devait faire présent à la critique, pour laquelle il a été créé par la Providence divine, d'une « musique historique ». Sa haute mission l'inspirant, il trouva bientôt le vrai.

Comment cette musique historique devait-elle être faite pour arriver à son but? D'une autre façon assurément qu'une musique non historique. Mais en quoi consistait la différence? En cela, sans doute, que la « musique historique » se distingue de la musique ordinaire, comme le costume du vieux temps diffère du costume actuel. Et puisqu'on imitait le costume de telle ou telle époque, le plus sage n'était-il pas d'en emprunter également la musique? Malheureusement, cela n'était pas aussi facile, car ces époques si remarquables par le costume étaient trop barbares pour avoir des opéras : on ne pouvait donc pas leur emprunter une langue générale de l'opéra.

En revanche, on chantait alors dans les églises; et, effectivement ces chants sacrés, quand aujourd'hui on les écoute, présentent quelque chose d'original qui vous surprend. Très-bien! En avant donc les chants d'église! La religion va émigrer au théâtre! C'est ainsi que l'immixtion des costumes historiques dans la musique devint dans l'opéra une vertu religieuse et chrétienne. On avait commis le crime de ravir au peuple la mélodie, et l'on se faisait donner l'absolution catholique et romaine, protestante et évangélique. Pour se servir de l'expression de la critique allemande, on allait émanciper la religion par l'opéra, comme on avait émancipé les masses.

C'est ainsi que le compositeur devint véritablement le sauveur du monde. Dans cet homme, profondément inspiré, irrésistiblement entraîné, dans l'enthousiaste qu'on appelle Meyerbeer, nous avons à reconnaître le rédempteur moderne, l'agneau de Dieu destiné à porter les péchés du monde.

Ce n'est pas pourtant sans conditions que le musicien pouvait accomplir « l'émancipation de l'Église. » Si la religion voulait recevoir son salut de l'opéra, il fallait qu'elle se résignât à n'occuper parmi les autres émancipés, qu'une certaine place bien déterminée. C'était à l'opéra, libérateur du monde, à dominer la religion et non pas à la religion à dominer l'opéra. Et s'il devait entrer dans l'église, la religion n'eût pas été émancipée par lui mais bien l'opéra par la religion. En se plaçant au point de vue de la pureté du costume musicalement historique, il eût été désirable pour l'opéra de n'avoir affaire qu'à l'Église, car la seule musique historique qu'on pût utiliser, c'était la musique religieuse. Mais, n'avoir affaire qu'à des moines et à des prêtres eût pu nuire sensiblement à la gaieté de l'opéra, car l'émancipation de la religion ne devait glorifier autre chose que l'air, ce germe de tout opéra, germe qui s'était si largement développé et qui prenait ses racines non pas dans le besoin de recueillement, mais dans la recherche des distractions. Tout bien considéré, la religion ne pouvait être employée que comme hors-d'œuvre, sur la scène comme dans les États bien ordonnés. Le motif principal était toujours « le prince et la princesse, » avec les ingrédients voulus : traîtres, chœurs de seigneurs, chœurs populaires, coulisses et costumes.

Comment maintenant s'y prit-on pour transporter dans la musique historique cette vénérable école d'opéra ?

Ici s'ouvrit pour le musicien le champ brumeux de l'invention pure et absolue : l'incitation *à créer avec rien*. Et voyez comme il s'est rapidement entendu avec lui-même ! Il avait tout simplement à veiller à ce que la musique sonnât un peu autrement que d'habitude. Ainsi comprise, la musique ne devait plus souhaiter qu'un costumier théâtral pour être acceptée comme tout à fait historique.

Cette musique, considérée comme la plus riche faculté d'expression, reçut, dès lors, une mission nouvelle et extraordinairement piquante, celle de détruire elle-même l'expression qu'elle avait cherché à réaliser, expression qui, sans objet digne d'être exprimé, ne pouvait être que le néant. A force de chercher à dominer, cette expression fut de nouveau anéantie, et de telle sorte que le résultat des théories cosmogoniques qui tend à produire quelque chose avec deux négations, a été complétement atteint par le compositeur d'opéra. Nous recommandons le style d'opéra qui en est résulté à la critique allemande comme *métaphysique émancipée*.

Considérons d'un peu plus près cette façon de procéder. Le compositeur voulait-il se contenter d'une expression simple de sa pensée ? Il ne pouvait, avec la meilleure volonté, arriver à la formuler que par un langage musical intelligible et en usage aujourd'hui. Se proposait-il de donner à cette expression un coloris historique, et ne considérait-il cela comme possible qu'en lui donnant un son étrange et inaccoutumé? Il avait tout d'abord à sa disposition le langage musical d'une époque antérieure, qu'il pouvait imiter à son gré et à laquelle il pouvait, à volonté, faire des emprunts. En procédant ainsi, le compositeur s'est fait de toutes les singularités de style des différentes époques un jargon composite qui ne répondait pas mal à son désir d'avoir des choses originales et inaccoutumées. Mais la langue musicale, dès qu'elle se détache de l'objet digne d'être exprimé et que sans raison elle veut garder pour elle seule la parole, en obéissant à l'arbitraire des airs d'opéra, c'est-à-dire au bavardage, en chantant et en sifflant, elle se subordonne si complétement à la simple mode, qu'elle n'est plus elle-même qu'une affaire de mode, ou, en mettant les choses au mieux, qu'elle ne peut donner que la mode la plus nouvelle.

Quand ce jargon inventé par le compositeur, pour parler d'une façon originale en vue de l'intention historique, présente quelque forme heureuse, il devient momentanément la mode, laquelle alors cesse de paraître étrange, mais devient l'habit que tous nous portons, la langue que tous nous parlons. Le compositeur qui désespère alors de pouvoir par ses propres inventions, arriver à l'originalité se voit obligé, s'il veut obéir à sa vocation pour la musique historique, de recourir à un moyen à l'aide duquel il puisse, une fois pour toutes, paraître original. Il prend alors le parti de défigurer encore l'expression la plus défigurée, une fois que, grâce à lui, elle est devenue de mode ; il est obligé, à proprement parler, de se proposer de dire non, quand en réalité il veut dire oui ; de grimacer la joie, quand il veut exprimer la douleur, de se lamenter quand il devrait s'abandonner au plaisir. C'est ainsi seulement qu'il peut paraître étrange, singulier ; il est obligé de simuler la foi pour paraître « historiquement caractéristique. » De la sorte, on a acquis un élément entièrement nouveau. L'impulsion « historique » a conduit à la folie mystérieuse, et cette folie, regardée de près, n'est rien autre chose que le *néoromantisme*, puisqu'il faut l'appeler par son nom (1).

_____

(1) L'opéra, l'Église, la musique historique, la musique qui n'est pas historique, la folie mystérieuse, le

Ce fut un Allemand qui, le premier, avec un succès extraordinaire, opéra cette transformation de la mélodie. Karl Maria von Weber arrivait à sa maturité artistique, à une époque de développement historique où l'instinct ressuscité de la liberté se manifestait moins encore dans l'*homme*, en tant qu'homme, que dans les masses populaires. Le sentiment de l'indépendance qui, dans la politique, ne se rapportait pas encore à ce qui est purement humain, et qui ne se reconnaissait pas encore un caractère absolu, cherchait à se justifier, comme s'il ne se connaissait pas bien lui-même et comme si le hasard plutôt que la nécessité l'avait éveillé; sa justification, il croyait la trouver dans l'origine nationale des peuples. Le mouvement qui naquit de là ressemblait plutôt à une restauration qu'à une révolution ; dans ses aberrations les plus extrêmes, il se manifestait comme tendant à rétablir ce qui est vieux et usé. Dans les derniers temps seulement, nous reconnaîtrons que cette erreur n'a pu que créer

---

peuple auquel on a ravi la mélodie, l'émancipation des masses, tout ce fatras d'idées complexes ne prouve qu'une chose : la jalouse envie de n'avoir pas écrit le 5e acte de *Robert-le-Diable*, et le 5e acte des *Huguenots*. Il est vrai qu'on peut être envieux pour moins que cela.

(Note du traducteur.)

de nouvelles chaînes à notre liberté, et nous montrer que nous avons été poussés, avec une violence douloureuse, mais salutaire, dans les voies de la vérité.

Je ne me propose pas de montrer ici une analogie entre l'opéra et notre développement politique ; l'arbitraire et la fantaisie peuvent, en pareille matière, se donner une trop libre carrière et prêter aux hypothèses les plus absurbes et les plus aventurées, et c'est précisément ce qui est arrivé déjà et de la façon la plus édifiante.

'Je préfère m'en tenir à l'explication de ce genre artistique, de son caractère antinaturel et 'contradictoire, ainsi que de son incapacité manifeste d'atteindre réellement le but qu'il se propose. Mais la tendance nationale, dans laquelle on s'engagea pour traiter la mélodie, avait, dans sa signification et dans son égarement, et enfin dans son éparpillement et sa stérilité devenus de plus en plus manifestes, trop d'analogie avec les erreurs de notre développement politique, depuis quarante ans, pour qu'il nous fût permis de passer ces rapports entièrement sous silence.

En art, comme en politique, ce qui caractérise cette tendance, c'est que l'erreur qui en fait le fond se montra, pendant sa première période spontanée, dans une séduisante beauté, et que, plus tard, dans sa période d'entêtement, elle fut d'une laideur repoussante. Elle fut belle aussi longtemps que l'esprit de liberté s'exprima en elle quoique timidement; elle est repoussante maintenant que l'esprit de liberté l'a depuis longtemps brisée, et qu'elle ne se maintient que par l'égoïsme le plus vulgaire.

Dans la musique, la tendance nationale eut à son début une beauté d'autant plus réelle que le caractère de la musique s'exprime plutôt par les sentiments généraux que par les sentiments spéciaux. Ce qui chez nos poëtes romantiques ne fut qu'une dévotion mystique catholique et romaine, une adoration de chevalier féodal, produisit une musique empreinte d'un sentiment intime, profond et large, une musique s'épanouissant dans une noble grâce, une musique où l'on sent comme un dernier souffle du naïf esprit populaire expirant.

Les mélodies voluptueuses de Rossini, dont tout le monde raffolait, durent produire une impression douloureuse au cœur sensible du très aimable musicien du *Freischütz*. Il ne pouvait admettre qu'en elles résidât la source de la vraie mélodie; il fallait qu'il prouvât au monde qu'elles n'étaient qu'un émanation impure de cette source; mais que la source elle-même, si on savait la trouver, coulait encore avec une limpide clarté. Si les fondateurs aristocratiques de l'opéra, dont nous avons parlé, ne faisaient que prêter l'oreille à la chanson populaire, Weber, au contraire, l'écoutait avec l'attention la plus soutenue. Si le parfum de la belle fleur populaire monta du pré jusque dans les appartements les plus somptueux du monde privilégié, pour y être distillé en essence portative, Weber voulut voir la fleur elle-même, et pressé par ce désir, il descendit des riches salons dans le pré même.

Là, il aperçut la fleur à la source du ruisseau, murmurant dans l'herbe odorante, sous les branches agitées des vieux arbres. Comme le divin artiste se sentit le cœur transporté à cet aspect, en respirant le parfum dans toute sa plénitude !

Il ne put résister au désir de présenter à l'humanité énervée ce parfum salutaire et vivifiant pour la délivrer de sa démence, et voulut arracher aussi la fleur elle-même à son séjour céleste pour la présenter comme une chose sacrée aux mondains dissolus.

Il la brisa le malheureux! Il porta la fleur pudique dans le palais somptueux, et la plaça dans un vase précieux; chaque jour il l'arrosa d'une eau fraîche puisée à la source de la forêt. Mais voici que les pétales rigides et chastement repliés s'ouvrent avec une molle volupté; la fleur développe ses nobles organes générateurs et les présente avec une horrible indifférence au premier libertin venu! « Qu'as-tu, ô fleur? s'écrie le maître, l'angoisse dans l'âme. Oublies-tu les belles prairies, les bois où tu croissais si chastement? » La fleur laisse alors tomber, l'un après l'autre, ses pétales flétris et fanés; ils se dispersent sur le tapis, et un dernier soupir parfumé dit au maître : « Je ne meurs que parce que tu m'as brisée! »

Et le maître mourut avec elle. Elle avait été l'âme de son art, et cet art devenait son propre arrêt de mort. Dans la prairie sauvage, il ne poussa plus de fleurs. Des chanteurs tyroliens vinrent des Alpes, et chantèrent devant le prince de Metternich;

celui-ci leur donna de bonnes lettres de recommandation pour toutes les Cours, pour tous les lords, pour tous les banquiers qui s'amusèrent, dans leurs salons voluptueux, aux gais refrains des enfants des Alpes, quand ils chantèrent leur *dierndel*. Les jeunes gens marchèrent, au son des airs de Bellini, au meurtre de leurs frères, chantant aussi leur *dierndel*, et les mélodies des opéras de Donizetti, car la fleur ne reparut plus !

C'est un trait caractéristique de la mélodie populaire allemande, qu'elle se manifeste à nous moins dans des rhythmes courts, vifs et singulièrement mouvementés dans des traits de longue haleine, tantôt gais, tantôt pleins de sentiment. Une chanson allemande, dépourvue d'harmonie, est chose que nous ne pouvons concevoir ; partout, nous l'entendons chanter au moins à deux voix. L'artiste l'imite lui-même, provoqué à faire une basse ; et la seconde partie vient compléter la mélodie harmonique. Cette mélodie est la base de l'opéra populaire de Weber ; affranchie de toute particularité locale et nationale, elle exprime les sentiments d'une façon large et générale ; elle n'a pas d'autre parure que le sourire du sentiment intime le plus doux et le plus naturel, et parle ainsi, par l'effet de la grâce la moins affectée, au cœur des hommes, à quelque nationalité qu'ils appartiennent. Puissions-nous mieux reconnaître l'esprit allemand et sa mission dans l'action universelle de la mélodie de Weber que nous ne connaissons dans le mensonge de ses qualités spécifiques !

Weber, tout rempli de cette mélodie, y subordonna toute sa méthode. Dans tout ce qu'il veut rendre, dans tout l'échafaudage de ses opéras, dans tout ce qu'il sait capable d'être exprimé par cette mélodie, ne fût-ce qu'en la touchant de son souffle, ne fût-ce qu'en répandant d'une goutte de la rosée tombée du calice de la fleur, il réussit à produire des effets vrais et saisissants. Et c'est avec cette mélodie que Weber fit le véritable facteur de son opéra ; l'intention du drame trouve sa réalisation dans cette mélodie, en ce sens que tout le drame aspirait d'avance à être absorbé en elle, à être consumé par elle, à y trouver sa justification.

Si nous considérons à ce point de vue le *Freischütz* en tant que drame, il faut que nous assignions à son poëme la même position vis-à-vis de la musique de Weber, qu'au poëme de *Tancrède* vis-à-vis de la musique de Rossini. La mélodie de Rossini détermina le caractère du poëme de *Tancrède*, absolument comme la mélodie de Weber détermina le *Freischütz* de Kind, et Weber ne fut ici que ce que Rossini était là, avec cette différence que l'un se montra noble et sensé, tandis que l'autre resta frivole et sensuel (1). Seulement Weber, pour accueillir le drame, avait les bras d'autant plus grands ouverts, que sa mélodie était la langue du cœur, vraie et sincère; tout ce qui se réfugiait en elle était bien gardé et à l'abri de toute altération. Mais ce que cette langue, malgré toute sa vérité et à cause de son caractère limité, ne pouvait exprimer, Weber s'efforça vainement de le produire. Son bégayement constitue l'aveu sincère de l'impossibilité où se trouve la musique d'absorber en elle le drame, le drame réel, même le drame fabriqué pour elle. Car c'est, au contraire, la musique qui doit raisonnablement se fondre dans le drame.

Mais continuons l'histoire de la mélodie.

---

(1) Ce que j'entends par « sensuel », c'est ce que fera comprendre l'exclamation d'un public italien qui, ravi du chant d'un eunuque, s'écria : « Béni soit le petit couteau! »

(Note de l'auteur.)

Weber, en revenant au peuple pour trouver la mélodie et en rencontrant dans la nation allemande l'heureuse qualité du sentiment naïf sans restriction d'aucun caractère particulier et national, avait indiqué, aux compositeurs d'opéra, en général, une source qu'ils cherchèrent partout où leurs yeux pouvaient pénétrer, comme une fontaine presque inépuisable.

Ce furent d'abord les compositeurs français qui songèrent à cultiver le chou *(sic)*, plante indigène de leur pays. Depuis longtemps le couplet spirituel ou sentimental régnait chez eux sur les scènes populaires. Le couplet est gai de sa nature. S'il se prête quelquefois à l'expression sentimentale, il ne se prête jamais au sentiment tragique ou passionné. Il avait donc imprimé son caractère au genre dramatique dans lequel il fut employé d'une manière prédominante. Le Français n'est pas en état de faire passer entièrement ses impressions dans la musique. Lorsque son excitation s'élève jusqu'à lui faire concevoir une expression musicale, il faut cependant encore qu'il puisse, en même temps, parler ou au moins danser. Où le couplet cesse, la contredanse commence. En dehors de ces conditions, il n'y a plus pour lui de musique.

Les paroles sont pour le Français le point important dans le couplet, et si bien qu'il ne veut le chanter que lui seul et jamais « en partie », car, de cette manière, on ne comprendrait pas les paroles. Même dans la contredanse, les danseurs se tiennent le plus souvent isolés les uns des autres ; chacun exécute seul ce qu'il doit faire et les couplets ne s'enlacent que lorsque le caractère de la danse ne permet plus d'agir autrement. De même dans le vaudeville français, tous les éléments de l'appareil musical se trouvent séparés les uns des autres, et quand par hasard le couplet est chanté par plusieurs voix à la fois, c'est avec la concordance musicale la plus pénible du monde. L'opéra français, c'est le vaudeville agrandi. L'élément musical est emprunté pour la forme au prétendu opéra dramatique, mais pour le fond à cette virtuosité à laquelle Rossini a donné une importance si considérable.

Le caractère propre de cet opéra consiste et consistera toujours dans le couplet plutôt parlé que chanté, et son essence musicale c'est la mélodie rhythmique de la contredanse. Quand les compositeurs se furent rendu compte d'une part, de la mort de l'opéra de Spontini, quand d'autre part ils eurent remarqué l'action étourdissante de Rossini sur le public, ainsi que l'émotion causée par la mélodie de Weber, ils revinrent intentionnellement à cette source nationale dirigée et conduite parallèlement au drame sans jamais l'absorber réellement. Mais ce qu'il y avait de vivant au fond de ce produit national avait depuis longtemps disparu. Le vaude-ville et l'opéra-comique y puisaient depuis si long-temps que la source en était tarie. Les artistes, amants de la nature, écoutaient le murmure du ruisseau, mais ils ne pouvaient l'entendre à cause du tic-tac prosaïque du moulin, dont ils faisaient eux-mêmes tourner la roue avec l'eau qu'ils y avaient dirigée par un conduit en bois, après l'avoir fait dévier de son lit naturel. Quand ils voulaient ouïr le peuple chanter, ils n'entendaient que le bruit banal et agaçant des machines du vaudeville.

Alors commença la grande chasse aux mélodies populaires dans les pays étrangers. Déjà Weber lui-même, pour lequel la fleur indigène s'était flétrie, avait feuilleté assidûment les descriptions de la mu-sique arabe par Forkel et leur avait emprunté la marche des gardiens du harem. Les Français furent plus agiles des jambes ; feuilletant les manuels du touriste, ils se mirent en route pour aller s'enquérir de près, partout où il y avait encore un peu de naïveté populaire, quelle forme et quel aspect elle revêtait. Notre vieille civilisation retomba en enfance, et les vieillards tombés en enfance meurent vite !

En Italie, dans ce beau pays si souvent souillé et, auquel Rossini avait pris si facilement sa graisse (*sic*) musicale en faveur d'un monde artistique amaigri ; en Italie, dis-je, le maître insouciant et exubérant regarda, avec un sourire étonné, les galants chasseurs de Paris marchant à quatre pattes pour trouver des mélodies populaires. Un de ces chasseurs était un bon cavalier et quand, après une course précipitée, il descendait de cheval, on était certain qu'il avait trouvé une mélodie grosse de promesses en argent. Celui-ci galopa, comme un enragé, à travers le marché de poissons et de légumes de Naples, si bien que renversant tout sur son passage il fut poursuivi par les cris et les malédictions, que des poings menaçants se dressèrent vers lui. Son instinct comprit et conçut assitôt et avec la rapidité de l'éclair une révolution magnifique de marchands de poissons et de légumes !

Mais le cavalier parisien ne s'arrêta pas là ! Il courut jusqu'à Portici, vers les barques et les filets des pêcheurs naïfs. Il les entend chanter, prendre des poissons, dormir, se quereller, badiner avec femme et enfant, jouer du couteau, assassiner, et avec cela, chantant toujours. Maître Auber ! il faut l'avouer, ce fut là une fameuse course, et plus fructueuse que celle qu'on fournit sur l'hippogriffe à travers les airs où, en somme, on ne gagne que des rhumes de cerveau et des refroidissements ! Le cavalier s'en retourna, descendit de cheval, fit à Rossini un compliment extraordinairement aimable (il savait bien pourquoi), prit l'extra-poste pour Paris, et ce qu'il fabriqua là en un tour de main, ce fut la *Muette de Portici* (1).

Cette muette, c'était la muse désormais silencieuse du drame, qui s'en allait seule, triste, le cœur brisé à travers la foule chantante et bruyante, et qui, dégoûtée de la vie, voulut disparaître et étouffer son irrémédiable douleur dans le tourbillon artificiel du volcan théâtral.

---

(1) Chez les artistes de l'espèce à laquelle appartient M. Wagner, il y a toujours un fond de fou furieux, sous l'enveloppe du bouffon. (*Note du traducteur.*)

Rossini, assista de loin à ce brillant spectacle ; mais en revenant à Paris il trouva bon de se reposer un peu sous les Alpes neigeuses de la Suisse, et même d'écouter comment les rudes et vigoureux gars avaient coutume de s'entretenir musicalement avec leurs montagnes et leurs vaches. Arrivé à Paris, il fit à Auber son compliment le plus aimable (il savait bien pourquoi), et plein d'une grande joie paternelle, il présenta au monde son plus jeune enfant que, dans une heureuse inspiration, il avait baptisé du nom de *Guillaume Tell*.

La *Muette de Portici* et *Guillaume Tell* devinrent dès lors les deux axes autour desquels tourna le monde spéculatif de la musique d'opéra. Un nouveau secret, la galvanisation du corps semi-animé de l'opéra, était découvert. Celui-ci ne pouvait vivre que tant qu'on trouverait des originalités nationales à exploiter. Tous les pays du continent furent donc explorés, toutes les provinces pillées, toutes les races populaires sucées jusqu'à leur dernière goutte de sang musical ; et du *spiritus* ainsi obtenu on fit de brillantsfeux d'artifice pour la récréation du grand monde. Mais la critique d'art allemande reconnaît que l'opéra s'était considérablement rapproché de son but, en prenant « la direction nationale et même, si l'on veut, la direction historique. » Quand le monde entier devient fou, c'est alors que les Allemands se réjouissent, car ils peuvent alors interpréter, deviner, méditer et enfin — pour que leur bonheur soit complet — classer tout à leur aise.

Examinons en quoi consista l'influence du caractère national sur la mélodie, et indirectement sur la mélodie, et indirectement sur l'opéra.

Le peuple a été de tout temps la source féconde de tout art. La société aussi bien que l'art, ne se sont nourris que du peuple. Séparés de lui, nous avons pris le fruit dont nous vivions comme une manne tombée des cieux pour nous privilégiés, élus de Dieu, êtres riches et pensants. Mais quand nous eûmes gaspillé cette manne céleste, nous cherchâmes les fruits de la terre, et comme de véritables brigands, par la grâce de Dieu, nous les arrachâmes de l'arbre, sans nous soucier si nous l'avions planté, ou cultivé. Bien plus, nous abattîmes les arbres eux-mêmes jusqu'aux racines, pour voir s'il ne serait pas possible, par une préparation artificielle, de les rendre agréables au goût ou du moins susceptibles d'être utilisés. C'est ainsi que nous avons dévasté toute cette belle forêt naturelle du peuple de façon que maintenant nous ressemblons à des mendiants nus et affamés.

Il en fut de même de la musique d'opéra; quand elle devint incapable d'engendrer et que toute sa sève fut desséchée, elle se précipita sur la chanson populaire et la suça jusque dans ses racines. Maintenant elle abreuve le peuple dépouillé de ses mélodies viciées, nourriture misérable et malsaine. La mélodie ne sait plus où trouver sa subsistance; ne pouvant plus être fécondée de nouveau, elle meurt stérile, épuisée; elle se ronge elle-même : c'est ce que les critiques allemands appellent « aspirer vers une caractéristique élevée », après avoir d'abord baptisé le renversement des arbres populaires dépouillés, du nom « d'émancipation des masses ».

Le compositeur d'opéra ne pouvait pas saisir ce qui est vraiment populaire; pour être en état de la comprendre, il lui aurait fallu travailler selon l'esprit et les vues du peuple, c'est-à-dire être, au fond, peuple. Il ne pouvait comprendre son caractère propre, ce qui fait l'originalité des choses populaires, ce qui est national. La couleur nationale, depuis longtemps effacée dans les classes élevées, ne vivait plus que dans certaines parties du peuple, qui, retenues aux travaux des champs, sur les rivages ou dans le fond des vallées, avaient vécu éloignées de tout changement. Aussi ce qui tomba sous la main des exploiteurs ne fut qu'une chose froide et stéréotypée. Et comme ils étaient obligés, pour l'utiliser et la faire servir à un but frivole, de lui arracher encore ses derniers traits particuliers et féconds, cette chose ne pouvait devenir qu'une curiosité à la mode. Il en fut comme des costumes populaires étrangers, jusque là dédaignés, et que la mode convertit en attifements bizarres. Dans l'opéra, quelques traits mélodiques et rhytmiques furent détachés de la vie de nationalités inconnues pour être adaptés à un appareil multicolore, de forme vieillie et vide.

Cette manière de procéder influa considérablement sur la naissance de l'opéra qu'il nous reste maintenant à considérer de plus près. De là, le changement survenu dans les rapports réciproques des facteurs représentatifs de l'opéra, évolution qui, nous l'avons dit, a été appelée « l'émancipation des masses. »

Toute tendance artistique n'approche de sa floraison que lorsqu'elle acquiert la faculté de prendre une forme concise, claire et sûre. Le peuple qui, au début, manifeste l'étonnement que lui inspirent les merveilles de la nature par les exclamations de l'emportement lyrique, transforme bientôt, afin de vaincre l'objet de sa surprise, le phénomène naturel en dieu et le dieu en héros. Dans ce héros, image concentrée de son propre être, il se reconnaît et célèbre ses actions dans l'épopée; mais dans le drame, il se représente lui-même. Le héros tragique des Grecs sortait du chœur et se retournant vers lui, disait: « Voyez, c'est ainsi qu'agit l'homme; les opinions et les discours que vous louez, je vous les représente comme irréfutables, comme vrais et comme nécessaires. »

La tragédie grecque se faisait à la fois public et œuvre d'art dans le chœur et les héros : l'œuvre d'art s'offrait au peuple comme image poétisée de lui-même, et le drame ne s'augmentait que dans la mesure précise où le jugement à prononcer par le chœur s'exprimait dans les actions des héros eux-mêmes d'une façon si irréfutable que le chœur pouvait retourner de la scène dans le peuple et prendre à l'action une part vivante et réelle.

La tragédie de Shakespeare surpasse incontestablement la tragédie grecque, en ce sens qu'elle a fait accepter par les lois techniques la supression du chœur. Chez Shakespeare, le chœur s'est transformé en individus tous personnellement intéressés à l'action, agissant en vertu des mêmes nécessités d'opinion et de position que le héros principal.

Leur apparent effacement dans le cadre artistique résulte des points de contact qu'il y a entre eux et le héros, et nullement d'un mépris technique et systématique des rôles secondaires; car toutes les fois que le personnage le moins important doit prendre part à l'action principale, il s'exprime d'après ses vues personnelles, libres et caractéristiques.

Si les personnalités si sûrement et si franchement esquissées par Schakespeare ont de plus en plus, dans l'art dramatique moderne, perdu de leur individualité plastique et en sont venues à n'être que des masques, invariables dans leur caractère, sans aucune individualité, il faut l'attribuer à l'influence de l'État, nivelant tout en politique et opprimant le droit de la libre personnalité avec une violence de plus en plus funeste. Les ombres chinoises, ces masques intérieurement creux et dépourvus de toute individualité, furent la base dramatique de l'opéra. Plus la personnalité que ce masque cachait était nulle, plus on la jugea propre à chanter l'air d'opéra. « Prince et princesse », — tel est l'axe dramatique autour duquel tourna l'opéra et tourne encore quand on y regarde de près.

Ces masques ne pouvaient recevoir un caractère individuel que d'une peinture extérieure, et il fallut à la fin que la couleur locale vint suppléer à ce qui leur manquait intérieurement. Quand les compositeurs eurent épuisé toute la partie mélodique de leur art et pris au peuple la mélodie locale, on prit finalement aussi le lieu lui-même, les décors et les costumes.

Tous ces accessoires devinrent enfin la chose principale, l'opéra même, qui devait jeter de tous côtés sa lumière vacillante sur « le prince et la princesse, » pour maintenir dans une vie colorée les pauvres et malheureux chanteurs.

Ainsi fut fermé, à sa honte mortelle, le cercle du drame : les personnalités individuelles, en qui le chœur du peuple s'était jadis condensé, fut noyé dans un entourage bigarré, confus et sans centre d'action. Cet accessoire, cet immense attirail scénique, machines, toile peinte et habits multicolores, nous crie: C'est moi qui suis moi, et en dehors de moi, il n'y a pas d'opéra.

Il est vrai qu'autrefois déjà, de nobles artistes avaient fait de la couleur locale ; mais cela ne pouvait produire un charme réel qu'en servant occasionnellement de parure à une matière dramatique animée par une action caractéristique, et qu'en se produisant sans aucune ostentation. Avec quel art Mozart sut donner de la couleur locale à son Osmin et à Figaro, sans pour cela chercher les couleurs en Turquie et en Espagne, ou même dans les livres. Mais cet Osmin et ce Figaro étaient des caractères individuels, réels, heureusement conçus par le poëte, doués par le musicien d'une expression vraie, que ne pouvait pas altérer un bon acteur. Les éléments nationaux employés par nos compositeurs modernes ne sont pas appliqués à des caractères de ce genre ; ils sont destinés, au contraire, à donner à une chose, entièrement dépourvue de caractère, une base caractéristique, afin d'animer et de justifier une existence ndifférente en soi et sans couleur. Tout ce qui est sainement populaire et purement humain, est employé dans notre opéra comme un masque incolore et insignifiant, à l'usage des chanteurs d'airs, et ce masque, à son tour, doit être artificiellement éclairé par le reflet de la couleur environnante ; c'est pourquoi cette couleur est présentée avec les tons les plus criards.

Afin d'animer la scène déserte autour du chanteur, on a finalement amené sur la scène le peuple, auquel on avait déjà pris sa mélodie ; mais, naturellement, ce ne pouvait pas être ce peuple auquel on avait emprunté la mélodie, mais une masse artificiellement dressée à marcher sur la mesure des airs d'opéra. Ce n'est pas le peuple qu'on employa, mais une masse, une sorte de chose matérielle qu'on ne pouvait plus appeler le peuple, puisqu'on lui avait enlevé le souffle de la vie. Le fond de l'opéra moderne ne repose guère que sur les machines décoratives du théâtre, que sur la pompe muette des décors, le tout transformé en tapage mouvementé. « Le prince et la princesse, » avec la meilleure volonté, n'avaient donc plus autre chose à dire que leurs airs mille fois entendus. On chercha à varier le thème, en faisant chanter cet air par tout le personnel, depuis le héros jusqu'au dernier choriste, non plus seulement à plusieurs voix, mais dans un bruyant unisson afin de produire un plus grand effet. Dans l'unisson, devenu si célèbre de nos jours, se dévoile le vrai but de l'emploi des masses, car, dans le sens de l'opéra, ce sont bien effectivement les masses « émancipées » qui, à certains passages des plus célèbres opéras modernes, chantent dans un unisson à cent voix la vieille et banale ariette. C'est ainsi que notre état moderne a émancipé les masses en les revêtant de l'uniforme de soldat, en les faisant marcher en bataillons, en leur commandant demi-tour à droite ou à gauche, et de présenter armes. Quand les *Huguenots* de Meyerbeer s'élèvent à leur plus grande hauteur, nous entendons exactement ce que nous voyons dans un bataillon de la garde prussienne. Les critiques allemands appellent cela — nous l'avons déjà dit — l'émancipation des masses.

Au fond, cet entourage ainsi « émancipé » n'é-
tait encore qu'un masque. Si la vie véritablement
caractéristique faisait défaut aux personnages principaux de l'opéra, elle pouvait encore bien moins
être donnée à l'ensemble des masses. Le reflet que
cet apparat devait jeter sur les personnages principaux, pour les animer, ne pouvait produire un
effet utile que lorsque le masque de l'entourage
recevait du dehors une peinture qui pût dissimuler
son vide intérieur. Cette peinture fut fournie par le
costume historique, que venait relever encore le coloris national.

On pourrait croire que l'adoption du principe de
la donnée historique devait avoir pour conséquence
d'attribuer au poëte une action décisive sur la fiction
de l'opéra. Mais nous reconnaîtrons facilement notre
erreur, en nous rappelant la marche suivie jusqu'alors par le dévoloppement de l'opéra, en réflé-
chissant qu'il ne devait toutes les phases de son épanouissement qu'à l'effort désespéré du musicien pour
conserver à son œuvre une existence artificielle,
qu'il fut amené à mettre en scène les airs historiques, non pas par suite du désir bien naturel de
s'abandonner au poëte, mais sous la pression de cir-

constances purement musicales, et que cette pression elle-même eut pour cause la tâche contre nature du musicien, consistant à donner à la fois au drame l'extension et l'expression.

Nous reviendrons, plus tard, à la position du poëte vis-à-vis de l'opéra le plus récent ; quant à présent, nous nous attachons seulement à rechercher, au point de vue du musicien, jusqu'où devait le conduire ses efforts et son erreur.

Le musicien, qui, quoi qu'il fit, ne pouvait donner que l'expression, et rien que l'expression, devait perdre le pouvoir réel de l'expression saine et vraie, à mesure que dans son effort absurde, il se condamnait à remplir un formulaire terne et vide. Au lieu de demander au poëte un homme, il s'était contenté d'un mannequin qu'il drapait à volonté dans des vêtements variés, préoccupé uniquement d'éblouir par l'éclat et la disposition des couleurs. Ne pouvant donner au mannequin les chaudes pulsations du corps humain, et ses moyens d'expressions s'appauvrissant de plus en plus, il était réduit à ne plus avoir en vue que des variétés de formes et les couleurs de ces vêtements.

Le costume historique qu'on pouvait varier suivant les époques et les climats, bien qu'il ne soit, en somme, que l'œuvre du décorateur et du costumier réunis, est devenu en réalité l'aide le plus important du compositeur moderne. Toutefois, le musicien ne négligea pas non plus de préparer sa palette en vue du costume historique. Pourquoi donc le créateur de l'opéra qui avait fait du poëte son serviteur, n'aurait-il pas éliminé également le peintre et le tailleur ? Il avait transformé en musique le drame tout entier, action et caractères, pourquoi lui eût-il été impossible de rendre musicalement les dessins et les couleurs du peintre décorateur? N'était-il pas capable d'abaisser toutes les digues, d'ouvrir toutes les écluses qui séparent le continent de la mer, et de noyer ainsi dans le déluge de sa musique le drame avec hommes et animaux ?

Nous avons vu la mélodie frivole, dégagée de tout rapport réel avec le texte poétique se féconder par la chanson nationale et se donner comme but la caractéristique historique. Nous avons observé, en outre, comment, par suite de la disparition de l'individualité caractéristique des personnages principaux du drame musical, on réserva aux masses « émancipées » qui les entourent et qui devaient refléter sur eux ce caractère, la mission de représenter l'action. Nous avons fait remarquer aussi qu'on ne pouvait donner à ces masses un caractère distinct et saisissable que par le costume historique, et que le compositeur avait été contraint, pour maintenir sa suprématie, d'absorber en se détournant des voies purement musicales, le décorateur et le costumier, auxquels revenait en réalité le mérite du rétablissement de la caractéristique historique. Nous avons vu enfin comment la tendance désespérée de la musique instrumentale a fourni au compositeur un genre particulier de mosaïque mélodique, qui, grâce à des assemblables arbitraires, lui offrait le moyen de paraître étrange, original toutes les fois qu'il le voulait : procédé auquel le compositeur croyait pouvoir imprimer le cachet d'une caractéristique spéciale par l'emploi d'un orchestre réglé en vue d'une surprise purement matérielle.

Nous ne devons pas perdre de vue que tout cela était, après tout, impossible sans le concours du poëte. Examinons donc un moment les rapports qui, dans les temps les plus récents, se sont établis entre le musicien et le poëte.

La nouvelle direction donnée à l'opéra nous est venue d'Italie avec Rossini. Dans ce pays, le poëte était descendu jusqu'au rôle du zéro. Transportée à Paris, cette direction rossinienne modifia encore la situation du poëte. Nous avons déjà fait ressortir les caractères de l'opéra français, et nous avons reconnu que le couplet en était la base. Dans l'opéra-comique français, le poëte avait d'avance assigné au compositeur un champ bien déterminé qu'il devait cultiver pour son propre compte, tandis que la propriété du terrain restait au poëte. Le champ musical s'était peu à peu étendu jusqu'à l'absorption complète du terrain ; mais le poëte continuait à garder le titre du domaine ; le musicien n'était plus qu'un fermier, considérant, il est vrai, le fermage comme un droit héréditaire ; comme jadis dans le Saint-Empire, il rendait hommage à l'empereur, son suzerain. Le poëte prêtait le terrain dont le musicien avait la jouissance.

Cette situation a produit ce que l'opéra, comme genre dramatique, pouvait donner de plus sain. Le poëte s'efforçait de trouver des situations et des caractères, de fournir une pièce amusante et attachante, qu'il n'arrangeait pour le musicien et ses formules qu'au moment même de l'exécution. La faiblesse des poëmes français consistait surtout en ce que leurs sujets ne commandaient pas nécessairement la musique, lors même qu'ils n'eussent pas été, de prime abord, absorbés par la musique. Le théâtre de « l'Opéra-Comique » était la maison propre de ce genre amusant, souvent aimable et spirituel qui produisait toujours les meilleures œuvres, toutes les fois que la musique pouvait naturellement et sans contrainte entrer dans le poëme.

Scribe et Auber s'avisèrent un jour de traduire ce genre dans la langue pompeuse du « grand opéra. » La *Muette de Portici* est cependant encore une pièce de théâtre bien ordonnée et où on ne reconnaît nulle part l'intention de subordonner l'intérêt dramatique à l'intérêt purement musical. Toutefois, l'action dramatique y repose sur la participation des masses, de telle sorte que les personnages principaux deviennent plutôt des représentants portant la parole au nom de la masse que des personnages agissant en vertu d'une nécessité individuelle. Déjà le poëte, arrivé devant le chaos du grand opéra, tenait si faiblement les rênes des chevaux du char de l'opéra, que bientôt ces rênes durent lui échapper des mains.

Dans *Guillaume Tell*, le poëte avait encore les rênes en mains, parce que, de même qu'Auber, Rossini ne songeait qu'à se ménager dans le char superbe de l'opéra ses aises musicales, ne se souciant guère de savoir comment et où le cocher le dirigeait. Mais Meyerbeer, auquel cette opulente aisance mélodique ne convenait pas, arracha les rênes des mains du cocher, afin d'exciter, par les zigzags de la course, l'attention qu'il ne réussissait pas à appeler sur lui quand sa seule personnalité musicale était assise dans le char (1).

Nous savons par quelques anecdotes isolées à quelles affreuses tortures Meyerbeer condamnait son collaborateur Scribe quand il s'agissait d'élaborer un poëme d'opéra. Lors même que nous ne voudrions tenir aucun compte de ces anecdotes et si nous ne savions rien des pourparlers mystérieux de

---

1. Le lecteur a bien souvent l'occasion de remarquer combien M. Wagner aime les images. Cette fois-ci son « char » s'est embourbé, et ce n'est pas sans difficulté que cocher, maître et carrosse sortent de l'ornière habituelle où je suis condamné à les voir barboter.

(Note du Traducteur.)

Scribe et de Meyerbeer, nous pourrions cependant encore, à l'aide des poëmes eux-mêmes, voir clairement quelle contrainte dut peser sur Scribe, — si expert d'ordinaire et si facile au travail, — quand il composait pour Meyerbeer les textes baroques que nous connaissons.

Tout en continuant à faire pour d'autres compositeurs des poëmes dramatiques faciles, coulants, souvent intéressants, toujours exécutés avec une grande dextérité naturelle, livrets ayant du moins pour base une action déterminée, renfermant des situations en rapport avec cette action et d'une compréhension facile, ce poëte si merveilleusement rompu au métier écrivait pour Meyerbeer avec l'emphase la plus insupportable, le galimatias le plus contourné, des actions sans intrigue, des situations confuses et insensées, des caractères ridicules et grotesques. Or, pareille chose ne pouvait être naturelle ; un esprit aussi froid que celui de Scribe ne se livre pas si facilement aux expérimentations de l'extravagance. Scribe avait dû subir quelque contrainte, et son goût quelque altération pour produire un *Robert le diable*. Ne fallait-il pas qu'il fût dépouillé de tout sens un peu sain de l'action dramatique pour devenir dans *les Huguenots* un compilateur de nuances et de contrastes décoratifs? Ne fallait-il pas qu'il fût violemment entraîné et condamné au mensonge historique pour se décider à se faire « le prophéte » des flibustiers ?

Nous retrouvons ici la même influence du compositeur sur le poëte, que Weber exerçait sur celui d'*Euryanthe*. Mais combien les motifs sont différents ! Weber voulait un drame qui pût se confondre avec toutes ses nuances scéniques, dans une mélodie noble et large. Meyerbeer, au contraire, ne demandait qu'un pot-pourri dramatique monstrueusement mélangé, mi-historique et mi-romantique, diabolique et religieux, dévot et libertin, frivole et sacré, mystérieux et impudent, sentimental et faussement dramatique, afin d'y trouver matière à une musique extraordinairement curieuse, laquelle pourtant ne lui réussissait jamais entièrement à cause de l'invincible roideur de son naturel. Il comprenait qu'avec toutes les ressources des effets musicaux, on pouvait arriver à quelque chose qui n'avait jamais existé si ces matériaux ramassés dans tous les coins étaient réunis dans un ensemble confus, mêlés de poudre et de colophane, et lancés dans l'air avec une effroyable détonation. Donc, ce qu'il demandait à son poëte, c'était en quelque sorte la mise en scène de l'orchestre de Berlioz; seulement — ce point est à noter — il rabaissa cet orchestre, étant donné l'opéra dramatique, jusqu'à prendre pour base les trilles légers et les fioritures de Rossini.

Réunir, dans le drame, tous les éléments d'action musicale en un accord harmonique, cela n'eût pas du tout favorisé son but; Meyerbeer n'étant pas un rêveur idéaliste. Mais appréciant, en homme pratique, le public moderne de l'opéra, il se rendit compte que par l'accord harmonique il n'eût gagné personne, tandis que, par un pot-pourri disparate, il pouvait satisfaire tout le monde, chacun selon ses goûts. Rien n'était donc plus important pour lui que de trouver une sorte de mélange fort compliqué. Le joyeux Scribe suait donc sang et eau pour lui composer de la façon la mieux appropriée à ce but un méli-mélo dramatique, de manière que le musicien n'eût plus qu'à se demander tranquillement à quel morceau il adapterait de la façon la plus criarde et la plus surprenante un lambeau tiré de son magasin musical, afin de paraître extraordinairement original et « caractéristique. »

C'est ainsi qu'il a montré à la critique d'art l'aptitude de la musique à la *caractéristique historique*, et qu'il arriva même à se faire dire, sur un ton de fine flatterie, que le texte de ses opéras était pitoyable, mais « qu'il s'entendait même à broder sur la plus misérable étoffe. » De la sorte, on avait obtenu le triomphe complet de la musique. Le compositeur avait ruiné le poëte de fond en comble, et sur les décombres de la poésie d'opéra, on couronna le musicien comme étant « le véritable poëte ! »

Le secret de la musique de Meyerbeer, c'est l'*effet*. Pour bien comprendre ce que nous entendons par ce mot, il est important de remarquer que nous ne nous servons pas ici de la véritable expression allemande.

Dans notre langue, l'idée exprimée par le mot *wirkung*, implique nécessairement celle d'une cause préexistante. Mais, comme dans le cas présent, nous doutons qu'il existe une pareille relation, ou plutôt comme nous sommes certains qu'elle n'existe pas, nous éprouvons alors quelque embarras à trouver un mot qui rende exactement l'impression que nous produit la musique de Meyerbeer. C'est pour cela que nous employons un mot étranger,

quoiqu'il ne traduise pas exactement notre sentiment. Si donc, nous voulons désigner avec précision
ce que nous entendons, nous sommes obligés de traduire notre mot par « effet sans cause. »

Oui, la musique de Meyerbeer produit, sur ceux
qui y trouvent du plaisir, un effet sans cause. Ce
miracle n'était possible qu'à « la musique extérieure », c'est-à-dire à une faculté d'expression
qui, dans l'opéra, a cherché de tout temps à se rendre indépendante de tout sujet digne d'être exprimé.
Cette musique a manifesté son entière indépendance
en rabaissant l'objet de l'expression qui, cependant,
devait seule la faire vivre et la justifier. Elle a ra-
baissé cette expression jusqu'à la nullité morale et
artistique, si bien que le sujet ne pouvait trouver
son existence, sa mesure et sa justification que dans
un cas d'arbitraire musical, dépourvu de toute expression nouvelle. Cet acte, à son tour, n'était réa-
lisable que s'il se reliait à d'autres situations d'un
effet absolu. Dans la musique instrumentale, dans
le sens le plus étendu du mot, on faisait appel, pour
se justifier, à la puissance, à l'imagination, laquelle
s'appuyait sur un programme ou même sur un titre
pris en dehors de la musique : mais dans l'opéra on

voulait réaliser ce point d'appui pour épargner à l'imagination tout effort pénible. Ce que, dans la musique instrumentale on demandait systématiquement aux situations de la vie naturelle ou humaine, on voulait, dans l'opéra, le réaliser matériellement, afin de produire un effet d'imagination tout en se passant du concours de l'imagination. Le compositeur emprunta cette base naturelle à la mécanique scénique, en s'appropriant les effets qu'elle était capable de produire, c'est-à-dire en les détachant de l'objet qui, sur le terrain de la poésie et en dehors du domaine de la mécanique, aurait pu les commander ou les justifier. Nous allons éclaircir ce point de doctrine par un exemple qui achèvera de caractériser l'art de Meyerbeer

Admettons qu'un poëte se soit exalté pour un héros luttant pour la liberté, dont le cœur soit enflammé d'un puissant amour pour ses frères opprimés et dépouillés de leurs droits les plus sacrés. Il veut représenter ce héros au point culminant de sa carrière, le placer dans la pleine lumière de ses glorieux efforts; il choisit, pour cela, une des phases décisives de son histoire. Suivi de masses populaires répondant à son appel enthousiaste et quittant leurs maisons, leurs femmes et leurs enfants pour vaincre ou pour mourir en combattant contre de puissants oppresseurs, le héros arrive devant une forteresse qui doit être conquise par ses bandes novices dans l'art de la guerre, pour que l'œuvre de la délivrance sorte victorieuse de la lutte. Des revers ont produit le découragement ; de mauvaises passions, la discorde et la confusion règnent dans l'armée ; tout est perdu, si aujourd'hui même tout n'est pas gagné. Et n'est-ce pas dans cette situation extrême que les grands hommes arrivent au sommet de leur grandeur ? Le héros a consulté dans la solitude de la nuit le dieu qui s'agite en lui : il s'est retrempé dans le sentiment de l'amour de l'humanité et apparaît au crépuscule, au milieu de ses bandes, que l'action va transformer en véritables lâches ou en héros.

A sa voix puissante, le peuple se rassemble et cette voix pénètre jusqu'aux profondeurs des âmes qui, maintenant, sentent aussi vivre en elles le dieu. Ces hommes se sentent tout à coup transportés ; leur enthousiasme gagne le héros, qui les pousse alors à l'action. Il saisit l'étendard et se dirige vers les murs redoutables de la ville, vers ces remparts redouta-

bles qui s'opposent à tout avenir meilleur **:** « Sus
donc à l'ennemi! crie-t-il. Il faut vaincre ou mourir,
et que cette ville soit à nous! »

Là, le poëte est épuisé, et s'il veut montrer sur la
scène le moment où, subitement, l'enthousiasme apparaît dans une réalité persuasive, il faut que cette
scène devienne pour nous le théâtre du monde; il
faut que la nature soit mise à l'unisson de nos sentiments, et qu'elle ne reste pas comme un accessoire
froid et accidentel. Mais la nécessité presse le poëte :
— il dissipe les nuages du matin et sur son ordre,
le soleil se lève rayonnant sur la ville vouée maintenant à la victoire du héros enthousiaste.

C'est ici qu'apparaît le triomphe de la toute-puissance de l'art, car, ces miracles, l'art dramatique,
seul, peut les produire.

Mais de pareils miracles, que l'inspiration du
poëte dramatique peut seule engendrer, n'ont pas
besoin du compositeur d'opéra; celui-ci ne cherche
que l'effet sans se soucier de la « cause », qui n'est
pas en son pouvoir.

Dans la scène principale du *Prophète,* de Meyerbeer, analogue à celle que nous venons de peindre, notre oreille éprouve l'impression purement matérielle d'un hymne enthousiaste et emprunté aux chants populaires, notre œil ne voit autre chose qu'un soleil, le chef-d'œuvre de la mécanique ! Mais l'objet que cette mélodie ne doit que réchauffer, que ce soleil ne doit qu'éclairer, mais le héros enthousiaste qui devait répandre son ravissement intérieur dans cette mélodie, et qul n'a provoqué que l'apparition de ce soleil en vertu des impérieuses nécessités de la situation, mais le germe du drame n'*existe même pas* (1).

A sa place fonctionne un ténor qui porte un cos-

---

(1) On peut me répondre : « Nous n'avons pas voulu de ton glorieux héros populaire, qui n'est qu'une création de ton imagination révolutionnaire ; nous avons voulu, au contraire, représenter un jeune homme malheureux qui, aigri par le malheur et trompé par des agitateurs populaires, s'est laissé entraîner à des crimes qu'il expie plustard par un repentir sincère » Très bien ! je l'accorde. Mais que signifie alors l'effet de soleil ? On pourrait me répondre : « Mais pourquoi ce soleil, fidèlement dessiné d'après nature, ne se lèverait-il pas dès le matin ? Ce lever de soleil n'est-il donc pas justifié ? Cependant, je persiste à croire que vous n'auriez pas eu l'idée de ce soleil, n'était une situation analogue à celle que j'ai indiquée : la situation elle-même ne vous convenait pas, mais vous vouliez en obtenir l'effet.

(Note de l'auteur.)

tume caractéristique auquel Meyerbeer, par l'entremise de son secrétaire particulier, Scribe, a confié la tâche de chanter aussi bien que possible et de se donner en même temps des airs de communiste, afin d'intéresser le public. Le héros dont nous venons de parler est un pauvre diable qui accepte par faiblesse le rôle d'un imposteur et qui, finalement se repent pitoyablement, non pas d'une erreur, d'un aveuglement fanatique qui eût pu à la rigueur motiver l'apparition du soleil, mais de sa faiblesse et de ses mensonges.

Quel est l'ensemble de considérations qui a pu faire mettre au monde, sous le titre : le *Prophète*, un sujet si indigne ? C'est ce que nous ne voulons pas examiner ici ; qu'il nous suffise d'en considérer le résultat, suffisamment instructif. Nous voyons d'abord, par cet exemple le complet déshonneur moral et artistique où est tombé le poëte ; de quelques bonnes dispositions qu'on soit animé à son égard, il est impossible de découvrir encore en lui un cheveu qui soit resté sain : l'intention du poëte ne doit plus du tout nous préoccuper ; nous devons, au contraire, nous éloigner d'elle avec répugnance. L'acteur ne nous intéresse plus que comme chanteur costumé, n'apparaissant en scène que pour chanter la mélodie dont il a été question plus haut, mélodie qui ne produit d'effet que par elle-même en tant que mélodie.

Il en est de même du soleil, qui ne peut et ne doit être considéré là que comme une imitation réalisée sur le théâtre ; son véritable effet ne vient pas du drame ; il appartient à la mécanique pure, laquelle seule appelle alors l'attention dans ce lever de soleil. Et le compositeur ne serait pas peu effrayé, si on s'avisait de prendre cette apparition pour une transfiguration voulue du héros devenu le défenseur de l'humanité ! Au contraire, il veut et le public aussi, se détourner de pareilles pensées et diriger toute l'attention sur un chef-d'œuvre de la mécanique ! Ainsi, tout l'art de cette scène tant célébrée réside dans ses éléments mécaniques : le côté extérieur de l'art en devient le fond, et ce fond c'est « l'effet » l'effet absolu, l'effet pour l'effet, c'est-à-dire le charme d'un certain chatouillement artificiel, c'est-à-dire l'amour sous la véritable jouissance que donne l'amour (1).

______

(1) Qu'un rayon du soleil de Meyerbeer ferait de bien à la prose comme à la musique de M. Wagner !
(Note du traducteur.)

IV

L'altération de la vérité et du naturel, telle que l'exercent, pour l'expression musicale, les néo-mantiques français, trouvait à la fois, dans un domaine de la musique entièrement distinct de l'opéra, une apparente justification et un aliment. Il nous est facile de le comprendre sous la désignation de *malentendu de Beethoven.*

Il est très-important de remarquer que tout ce qui, jusqu'à ces derniers temps, a exercé sur la formation de l'opéra une influence réelle et décisive, est venu *uniquement du domaine de la musique absolue* et nullement de celui de la poésie ni d'un heureux concours des deux arts réunis.

Si, d'un côté, nous avons vu l'opéra, depuis Rossini, aboutir à l'histoire de la mélodie, nous assistons dans les temps actuels à la naissance du drame historique dans l'opéra, sous l'influence exclusive du compositeur qui, poussé par la nécessité de varier la mélodie d'opéra, fut amené progressivement à l'enrichir d'un caractère historique indiquant ainsi au poëte ce qu'il devait fournir au musicien pour répondre à ses intentions. Si cette mélodie s'était perpétuée jusque-là comme mélodie chantée et indépendante de toute poésie, elle possédait cependant les conditions d'un développement ultérieur possible. Bien qu'au début, le compositeur trouva ces conditions particulièrement dans la mélodie naturelle et primitive, telle qu'elle émanait de la bouche du peuple, il tourne maintenant son attention avide vers une mélodie qui, dégagée de nouveau des lèvres du chanteur, trouve dans la science instrumentale de nouvelles conditions de vie. La *mélodie instrumentale*, transportée dans la mélodie du chant d'opéra, devint un des facteurs du drame ; c'est là que devait aboutir, en vérité, le genre antinaturel de l'opéra (1).

Pendant que la mélodie d'opéra, que ne fécondait pas la poésie, traînait une vie pénible et stérile en

---

(1) Nous devons faire remarquer, dès à présent, que la mélodie dans le chant, laquelle ne recevait pas ses conditions vitales du texte, n'était que de la mélodie instrumentale. Nous reviendrons là-dessus, au moment opportun, ainsi qu'à la situation de cette mélodie vis-à-vis de l'orchestre.

(*Note de l'auteur.*)

progressant de violence en violence, la musique instrumentale, par une manière nouvelle et variée de
disposer, d'étendre ou de raccourcir les différents
« éléments », avait acquis la faculté de faire de la
danse et du chant harmoniques une langue particulière. Prise dans un sens artistique élevé, cette langue
était incapable d'exprimer volontairement des sentiments purement humains aussi longtemps que la
volonté d'exprimer d'une façon claire et intelligible
ces sentiments humains et individuels n'avait pas
rendu nécessaire la conformation de cette langue
mélodique (1). Mais exprimer dans cette langue,
faite seulement pour rendre les sentiments dans leur
généralité, un sujet individuel, déterminé et facilement intelligible, tel est le résultat auquel pouvait
seul atteindre un compositeur instrumental, mettant
à l'accomplissement de sa tâche toute sa volonté,
toute son activité artistique.

L'histoire de la musique instrumentale, depuis
le temps où cette volonté se manifesta en elle, c'est

---

(1) Je traduis mot à mot ce passage qui manque de
clarté comme la musique de M. Wagner. Rien n'en
donne mieux l'idée, ce nous semble, que les confusions,
les divagations et les prétentions du critique.
                    (*Note du traducteur.*)

l'histoire d'une erreur artistique, mais d'une erreur qui ne se termina pas, comme celle du genre de l'Opéra, par la mise en évidence d'une incapacité. de la musique, mais par la mise en évidence. d'un pouvoir intime illimité. L'erreur de Beethoven fut. l'erreur de Colomb (1), qui cherchant un chemin. nouveau vers un pays ancien et connu, l'Inde, découvrit un monde nouveau ; Colomb aussi emporta son erreur au tombeau, jurant à ses compagnons qu'il joindrait le nouveau monde par la vieille Inde. Quoique entachée d'une profonde erreur, sa croyance, cependant, arracha le bandeau aux yeux du monde et lui enseigna de la façon la moins contestable la vraie forme de la terre et l'abondance à peine soupçonnée de sa richesse. L'erreur féconde de Beethoven, elle aussi, nous a révélé l'inépuisable puissance de la musique. Grâce à son hardi et intrépide effort pour atteindre le nécessaire artistique dans une impossibilité artistique, nous avons reconnu l'aptitude illimitée de la musique à réaliser tous les problèmes imaginables, pourvu qu'elle ne veuille pas être autre

---

(1) J'ai déjà comparé Beethoven à Colomb dans mon ouvrage : *L'œuvre artistique de l'avenir*, je reprends ici cette comparaison, parce qu'elle renferme une analogie importante que je n'ai pas encore touchée.

(Note de l'auteur.)

chose que ce qu'elle est réellement — *l'art de l'expression* (1).

Mais nous ne pouvions nous rendre compte de l'erreur de Beethoven et du résultat de son action artistique, qu'en connaissant son œuvre dans son ensemble, lorsque lui et ses ouvrages furent devenus pour nous un phénomène complet, et lorsque ses successeurs, qui s'étaient emparés des erreurs du maître, sans avoir la force gigantesque de sa volonté, eurent mis cette erreur en évidence. Les contempo-

---

(1) Ce que M. Wagner dit ici, dans son langage amphigourique, des deux manières, je pourrais dire des trois manières de Beethoven, beaucoup l'ont dit avant lui, et mieux et surtout plus clairement.

On sait très-bien que le grand homme n'écrivait pas à quarante ans comme à vingt-cinq ans, alors qu'il subissait l'influence du génie d'Haydn et de Mozart. Mais M. Wagner a toujours l'air d'avoir découvert l'Amérique! Les douloureux événements de la vie de Beethoven eurent une influence considérable sur son imagination. Une organisation aussi sensible que la sienne devait nécessairement produire la musique la plus émue, la plus expressive. Mais ce qui est incroyable, c'est qu'on ose effrontément indiquer par cette comparaison entre Beethoven et Colomb, que l'auteur de la symphonie en *ut mineur*, de la symphonie avec chœurs, des derniers quatuors et de *Fidelio* n'a fait que pressentir la route d'un monde que M. Wagner aurait définitivement découvert et exploré!!

(*Note du traducteur.*)

rains et les successeurs immédiats de Beethoven ne
virent dans ses œuvres isolées que ce que leur force
d'assimilation et de conception leur permettait de
reconnaître, soit par l'impression ravissante de
l'ensemble, soit par le caractère particulier des
détails.

Tant que Beethoven, d'accord avec l'esprit musical de son temps, se contenta de mettre dans ses
œuvres la fleur de cet esprit même, il n'exerça sur
son entourage qu'une salutaire influence. Mais, à
partir du moment où, étroitement lié à certaines
impressions douloureuses de sa vie, le désir de l'artiste d'exprimer clairement des sentiments particuliers, caractéristiques, individuels, — comme s'il
avait voulu se manifester à la sympathie des hommes,
— devint de plus en plus pressant. A partir du
moment où il s'inquiétait de moins en moins de faire
de la musique et de s'exprimer simplement dans
cette musique de façon à plaire, à attacher ou à
transporter, mais où son être intérieur le poussait
impérieusement à exprimer d'une façon précise et
claire un sujet déterminé plein de ses sentiments et
de ses idées ; à partir de ce moment donc, la
grande période de douleur et de souffrance commence

pour l'homme profondément ému, pour l'artiste fatalement égaré, qui, animé des transports d'une pythonisse en délire, dut faire sur l'auditeur curieux, qui ne le comprenait pas, précisément parce que l'inspiré ne pouvait pas s'en faire comprendre, l'effet d'un fou de génie.

Dans les œuvres de la seconde moitié de sa vie artistique, Beethoven ne peut pas être entendu, ou plutôt il est mal compris là précisément où il veut exprimer très-clairement un sujet particulier et individuel. Il dédaigne, ce qui, dans la musique absolue d'après certaines conventions, est reconnu comme intelligible, c'est-à-dire toute chose qui, par la forme et l'expression, présente une analogie reconnaissable avec la mélodie du chant et de la danse. Il parle une langue qui ressemble souvent à un capricieux effet de l'humeur, toute chose qui, n'appartenant pas à un ensemble purement musical, n'est reliée que par l'intention pratique, intention que la musique ne pouvait pas exprimer avec la clarté de la poésie.

Les principales œuvres de Beethoven appartenant à cette époque doivent être considérées comme des tentatives inconscientes de créer une langue à son gré, de telle sorte, que ces essais doivent souvent être considérés comme des esquisses pour un tableau dont le maître aurait arrêté le sujet, sans en concevoir une ordonnance intelligible (1). Mais il ne pouvait exécuter le tableau avant d'en harmoniser le sujet avec ses moyens d'expression, c'est-à-dire avant de l'avoir conçu dans son sens général, d'en avoir rélégué ce qui est individuel dans les couleurs particulières à la musique. Si ces tableaux, dans lesquels Beethoven s'était exprimé avec une clarté bienfaisante, avaient pu parvenir au monde véritablement achevés, l'effet de confusion et d'erreur produit par le malentendu que le peintre a répandu sur son œuvre eût été incontestablement atténué. Mais l'expression musicale, dépourvue de ses conditions propres s'était déjà, sous l'empire de la nécessité, soumise à la fantaisie de la mode et, par suite, à toutes ses nécessités. Certains traits mélodiques, harmoniques ou rhythmiques séduisaient tant l'o-

---

(1) Ainsi, d'après M. Wagner, Beethoven n'aurait obéi qu'à son instinct, sans vouloir, sans savoir ce qu'il faisait. Pourquoi ne pas dire simplement qu'il n'obéissait qu'à son génie, et sans prévoir l'esthétique de M. Wagner ?

(Note du traducteur.)

reille qu'on s'en servit jusqu'à l'excès, et, à force d'être usés, ils provoquèrent, en peu de temps, un tel dégoût que, souvent ils parurent tout-à-coup insupportables ou ridicules.

Pour les musiciens qui ne songeaient qu'à composer de la musique pour l'agrément public, rien n'était plus important que de paraître aussi neufs et aussi étonnants que possible dans les traits de l'expression mélodique absolue que nous venons de caractériser. L'aliment de ces nouveautés ne pouvait pas être emprunté aux phénomènes changeants de la vie, mais bien au domaine musical lui-même. Les musiciens trouvèrent alors une mine à exploiter dans celles des œuvres de Beethoven que nous avons appelées des esquisses pour ses grands tableaux. On y voyait un artiste préoccupé de trouver une nouvelle langue musicale, effort qui se manifestait de toute manière par des traits quelquefois convulsifs, que l'auditeur intelligent devait juger singuliers, originaux, bizarres, et, en tout cas, entièrement neufs. Les changements brusques, les entre-croisements rapides et violents, et surtout la simultanéité, la confusion des accents de douleur et de joie, de ravissement et d'horreur, toutes choses que le maître

mêla dans les rhythmes harmoniques les plus singuliers pour en faire de nouveaux sons d'expression,
afin de rendre des sentiments individuels détermi-
nés.

Tout cela, conçu dans sa forme extérieure, fut
développé techniquement par les compositeurs qui
reconnurent dans l'emploi de ces singularités de
Beethoven un élément fécond pour composer. Tandis
que presque tous les vieux musiciens ne comprenaient, ne louaient dans les œuvres de Beethoven
que ce qui s'écartait de la nature étrange du maître,
que ce qui leur apparaissait comme la fleur de sa
première période musicale, les jeunes compositeurs,
au contraire, imitaient principalement ce qu'il y a
d'extérieur et de singulier dans la dernière manière
de Beethoven.

Mais si le fond de ces traits étranges devait
rester le secret *non* révélé du maître, il fallait nécessairement chercher quelque sujet qui, malgré son
caractère général, présentât cependant l'occasion
d'employer ces traits particuliers et individuels.
C'est ailleurs que dans la musique qu'il fallait chercher ce sujet, et, en ce qui concerne la musique

purement instrumentale, il ne pouvait être trouvé que dans la fantaisie. La description musicale d'un sujet emprunté à la nature ou à la vie humaine fut offerte comme programme aux auditeurs, et on abandonna à leur imagination d'expliquer, conformément à l'indication une fois donnée, toutes les singularités musicales qui se donnaient carrière dans le chaos et dans la confusion, avec un arbitraire sans retenue.

Les musiciens allemands étaient assez rapprochés de l'esprit de Beethoven pour ne pas errer à la suite du malentendu du maître. Ils cherchèrent à échapper aux conséquences de cette manière d'expression, en émoussant les pointes les plus aiguës, en recourant aux vieilles formes, en les combinant avec les nouvelles et en se créant par ce mélange artificiel un style musical pour ainsi dire abstrait, à l'aide duquel on pouvait longtemps encore et honorablement composer. Si Beethoven nous fait le plus souvent l'effet d'un homme qui a quelque chose à dire, mais qui ne sait pas nous l'exprimer clairement, ses successeurs, au contraire, nous produisent l'effet de gens qui nous font savoir d'une manière prolixe et quelquefois charmante qu'ils n'ont rien à nous dire.

Ce fut dans ce Paris qui accueille toutes les tendances artistiques qu'un Français, doué d'une intelligence musicale peu commune, suivit la direction dont nous venons de parler jusqu'en ses dernières extrémités. Hector Berlioz est le rejeton immédiat et énergique de Beethoven du côté que celui-ci abandonna lorsqu'il passa, ainsi que je l'ai expliqué, de l'esquisse au tableau véritable. Les coups de plume vifs, tranchants et hâtivement jetés sur le papier, dans lesquels Beethoven dessinait rapidement et sans choix ses essais pour trouver de nouveaux moyens d'expression, devinrent l'héritage presque unique du disciple avide de curiosités. Beethoven avait-il pressenti que sa dernière symphonie serait son tableau le plus parfait, comme elle fut la dernière œuvre de ce genre sortie de sa plume? Berlioz qui lui aussi, voulait créer de grandes œuvres, tira d'après elle ses vues personnelles, trouva dans ces tableaux du maître ses véritables impulsions, et une tendance qui, en vérité, se proposait tout autre chose de satisfaire à l'arbitraire et à la fantaisie?

Ce qui est certain, c'est que l'inspiration artistique de Berlioz fut le produit d'une amoureuse contemplation dans des coups de plume singulièrement confus; l'horreur et le ravissement le saisirent à la vue de ces signes cabalistiques mystérieux, auxquels le maître avait attaché un sens de ravissement et d'horreur à la fois, afin de montrer par là les mystères qu'il entrevoyait, mais qu'il ne pouvait exprimer dans la musique, bien qu'il crût la chose possible, et dans la musique seulement.

A cette vue, le contemplateur fut saisi de vertige; un chaos confus, multicolore, magique, s'empara de sa vue troublée. Ainsi aveuglé, il croyait voir des formes colorées et humaines quand, en réalité, c'étaient des ossements de fantôme qui hantaient son imagination. Ce vertige ensorcelé fut toute l'inspiration de Berlioz. Venait-il à se réveiller, affaissé alors comme un homme enmivré par l'opium, il sentait autour de lui le froid et le vide, qu'il cherchait à ranimer et à remplir en évoquant artificiellement l'excitation de son rêve, et il ne réussissait qu'à mettre péniblement en œuvre tout son attirail musical.

En cherchant à exprimer par des notes de musique les singulières images de son cerveau cruellement surexcité, et à les communiquer d'une façon précise et saisissable au monde très-incrédule de son entourage parisien, la grande intelligence de Berlioz atteignit une puissance technique non soupçonnée jusqu'à lui. Ce qu'il avait à exprimer était si bizarre, si inaccoutumé, si complétement contre nature, qu'il ne pouvait le dire bonnement et simplement avec la langue usuelle. Il fallait un appareil inouï de machines compliquées pour pouvoir, à l'aide d'un mécanisme habilement ajusté, manifester ce qu'il était impossible à un organe simplement humain d'exprimer, précisément parce que c'était quelque chose d'anti-humain. Nous connaissons maintenant les miracles surnaturels avec lesquels, jadis, les prêtres trompaient les hommes en leur faisant croire qu'un dieu se manifestait à eux ; c'est, en effet, la mécanique seule, qui de tout temps a produit ces merveilles. De nos jours, c'est encore à l'aide des miracles de la mécanique qu'on présente au public ahuri le surnaturel. Un miracle de ce genre, c'est l'orchestre de Berlioz.

Berlioz a déployé, en mesurant dans tous les sens les facultés de ce mécanisme, une science véritablement étonnante, et si les inventeurs de notre mécanique industrielle moderne doivent être considérés cómme les bienfaiteurs de l'humanité actuelle, Berlioz mérite d'être considéré comme le vrai rédempteur de notre monde musical; car, grâce à lui, les musiciens peuvent, par l'emploi extraordinairement varié de simples moyens mécaniques, produire des effets étonnants avec la matière la moins artistique et la plus vide de la musique (1).

Berlioz, au début de sa carrière musicale, ne fut certes pas attiré par la gloire d'un simple mécanicien; une inspiration véritablement artistique vivait en lui, et cette inspiration avait un caractère brûlant. Mais, pour répondre à cette impulsion, il en arriva, par le côté malsain et anti-naturel dont nous avons parlé, jusqu'au point de s'abîmer comme artiste, dans la mécanique, de s'engloutir, lui, le rêveur surnaturel et fantastique, dans un matérialisme dévorant. Ce résultat fait de lui non-seulement un exemple et un avertissement, mais aussi une figure d'autant plus à plaindre qu'aujourd'hui encore il est consumé par des aspirations véritable-

____

(1) Tout ce bel éloge aboutit à ceci : Berlioz est un admirable mécanicien, procédant de Beethoven; mais il n'y a pas de musique dans sa musique.

(*Note du traducteur.*)

ment artistiques. Et cependant il est irrévocablement
enseveli sous les décombres de ses machines.

Berlioz est la victime tragique d'une tendance
dont les succès furent exploités par d'autres avec
l'effronterie la plus éhontée et la plus profonde insouciance. L'opéra, auquel nous revenons maintenant, accepta le néo-romantisme de Berlioz comme
on avale une huître et en fut singulièrement rafraî-
chi, dans son aspect du moins.

L'orchestre moderne, dirigé dans le sens dramatique avait, sur le terrain de la musique absolue,
enrichi considérablement l'opéra en moyens d'expression très-variés. Auparavant, l'orchestre n'avait
jamais été autre chose que le soutien harmonique et
rhythmique de la mélodie d'opéra. Quelque richement doué qu'il fût, il n'en restait pas moins subor-
donné à cette mélodie, et lors même qu'il concourait
à cette mélodie et à son expression, il ne servait
pourtant qu'à donner à la mélodie, cette reine in-
contestée, plus d'éclat et de majesté, en ajoutant
encore à la magnificence de sa toilette de cour.

Tout ce qui appartenait à l'accompagnement né-

cessaire de l'action dramatique fut emprunté, pour
l'orchestre, au domaine du ballet et de la pantomime, dont l'expression mélodique avait été tirée
de la danse populaire, absolument d'après les mêmes lois que l'air d'opéra des chansons populaires.
De même que cet air devait ses ornements et son
développement à la volonté arbitraire du chanteur
et finalement du compositeur, de même aussi la
danse dut les siens à la volonté du danseur et du
mime. Mais ni dans l'air ni dans la danse, on ne
pouvait porter atteinte à l'origine de l'air et de la
danse, parce que cette racine, placée en dehors du
terrain de l'opéra, était inaccessible aux facteurs de
l'opéra, et qu'elle trouvait son expression dans la
forme mélismatique et rhythmique, forme nettement
dessinée, dont les compositeurs pouvaient bien faire
varier l'extérieur, mais dont ils ne pouvaient effa-
cer les lignes sans s'abîmer complétement dans le
plus vague chaos d'expression. C'est ainsi que
la pantomime elle-même fut dominée par la mélodie
de la danse. Le même ne pouvait considérer comme
susceptible d'être exprimée par des gestes que ce que la
mélodie de la danse, enchaînée à de sévères conve-
nances rhythmiques, était en état d'accompagner. Il
fut sévèrement astreint de mesurer ses mouvements, ses

gestes, et l'objet qu'il devait exprimer à la puissance de la musique, de régler sur elle son propre pouvoir; de même que, dans l'opéra, le chanteur était obligé de tempérer son propre pouvoir dramatique sur l'expression immuable de l'air et de laisser sans développement son action personnelle : la nature des choses permettait en réalité de faire la loi.

La position contre nature des facteurs artistiques les uns vis-à-vis des autres, étant donnée, l'expression musicale en était restée dans l'opéra comme dans la pantomime, à un formalisme rigide; l'orchestre surtout n'avait pas pu, pour accompagner la danse et la pantomime, acquérir la faculté d'expression qu'il eût atteint, si l'objet de l'accompagnement par l'orchestre, à savoir la pantomime dramatique, avait pu se développer suivant son propre et inépuisable pouvoir intrinsèque, et fournir ainsi par elle-même à l'orchestre la matière d'une véritable invention. Rien d'autre n'avait été jusqu'alors possible à l'orchestre dans l'opéra que la banale et servile expression rhythmique-mélodique dans l'accompagnement des actions mimiques : on n'avait cherché à lui donner de la variété que par l'abondance et par l'éclat du coloris de l'extérieur.

Dans la musique instrumentale indépendante, cette expression rigide avait été brisée, et sa forme mélodique et rhythmique mise réellement en morceaux pour être, à un point de vue purement musical, refondue dans des moules nouveaux et variés à l'infini. Mozart, dans ses œuvres symphoniques, débuta encore par la mélodie, qu'il décomposa en petits éléments contre-pointés. L'œuvre de Beethoven commence aussi par ces morceaux décomposés, avec lesquels il éleva à nos yeux des édifices de plus en plus riches et imposants; mais Berlioz se plut à mêler ces parties dans une effroyable confusion; et la machine extraordinairement compliquée, kaléidoscope dans lequel il entassait à son gré les pierres multicolores, fut l'orchestre qu'il présenta aux compositeurs modernes.

Cette mélodie, ainsi découpée, hachée et réduite en atomes dont les morceaux pouvaient former un assemblage d'autant plus surprenant et plus original qu'il était plus incohérent et plus déraisonnable, cette mélodie, le compositeur la fit passer de l'orchestre *dans le chant lui-même.*

Quoique ce genre de procédé mélodique, employé

seulement dans les morceaux d'orchestre, pût paraître fantastique et capricieux, cependant tout pouvait se justifier ici ; la difficulté ou plutôt l'impossibilité de s'exprimer avec une entière précision par
l'unique secours de la musique avait conduit les
maîtres les plus sérieux à cette fantaisie. Mais dans
l'opéra, où la poésie fournit au musicien un appui
entièrement naturel pour s'exprimer d'une façon
précise, cette confusion voulue, cette mutilation
sciemment raffinée de ton, l'expression, telles qu'elles se manifestent dans le grotesque alignement des
éléments mélodiques les plus étranges et les plus
contraires, ne peuvent être attribués qu'à la démence désormais complète du compositeur, que la
téméraire entreprise de créer le drame par des
moyens purement musicaux devait pousser au point
où il en est venu aujourd'hui, à la risée de tout
homme de bon sens.

Grâce à l'immense appareil dont la musique s'é-
tait enrichie, le compositeur qui, depuis Rossini,
ne s'était développé que dans le sens frivole et n'a-
vait vécu que de la mélodie absolue, se crut alors
appelé à passer hardiment du point de vue de la
frivolité mélodique à la « caractéristique » drama-

-tique. Et c'est pour cela que le plus célèbre des compositeurs modernes est célébré, non-seulement par le public, qui depuis longtemps s'était fait le complice de ses attentats à la vérité musicale, mais encore par la critique d'art elle-même. Par rapport à la pureté mélodique des époques antérieures mises en comparaison avec l'époque actuelle, la mélodie de Meyerbeer est rejetée par la critique comme *frivole et sans valeur ;* en considération des miracles entièrement nouveaux qui, dans le domaine de la « caractéristique, » se sont épanouis au sein de sa musique, on fait à ce compositeur rémission de ses péchés, — ce qui implique l'aveu que finalement on ne considère la *caractéristique musicale-dramatique* comme possible qu'avec une *mélodie frivole et insignifiante,* ce qui à son tour inspire à l'esthéticien une défiance sérieuse contre le genre de l'opéra.

Nous allons exposer sommairement en quoi consiste cette « caractéristique » moderne dans l'opéra.

V

La « caractéristique » moderne dans l'opéra, se

distingue essentiellement de ce que nous devons considérer avant Rossini, comme caractéristique dans la tendance de Gluck et de Mozart.

Gluck, on le sait, en conservant entièrement le récitatif déclamé et l'air chanté, se préoccupait principalement et instinctivement de répondre aux exigences purement musicales de ces deux formes, s'efforçant de rendre aussi fidèlement que possible par l'expression musicale le sentiment du texte, et s'attachant avant tout à ne défigurer jamais l'accent purement déclamatoire des vers en faveur de cette expression musicale. Il cherchait, en musique, à parler d'une manière juste et intelligible.

Le jugement de Mozart était trop sain pour que son langage ne fût pas juste. Il exprimait avec la même clarté la banalité rhétorique et l'accent véritablement dramatique : chez lui, ce qui était gris restait gris, ce qui était rouge restait rouge ; seulement ce gris comme ce rouge, immergés dans la rosée rafraîchissante de sa musique, se résolvaient dans toutes les nuances de la couleur primitive.

Involontairement sa musique ennoblissait tous les

caractères qui lui étaient soumis d'après les conventions théâtrales, en polissant en quelque sorte la pierre brute, en la présentant sous toutes ses faces à la lumière et en la maintenant finalement dans la position où la lumière en tirait les rayons les plus brillants, les plus colorés. De cette façon il pouvait élever le caractère du don Juan par exemple, à une telle plénitude d'expression qu'un Hoffmann a eu l'idée de reconnaître entre eux des rapports profonds et mystérieux dont ni le poëte ni le musicien n'avaient réellement conscience. Mais ce qui est certain, c'est qu'avec la musique seule il eût été impossible à Mozart d'être caractéristique si les caractères ne s'étaient trouvés dans l'œuvre du poëte. Plus on regarde au fond de la musique de Mozart à travers ses couleurs étincelantes, plus aussi on reconnaît le croquis net et sûr du poëte, qui par ses lignes et ses traits a déterminé les couleurs du musicien, sans lesquelles cette musique merveilleuse eut été impossible.

Cette heureuse corrélation que nous avons rencontrée dans les ouvrages principaux de Mozart, entre le poëte et le compositeur, disparut complètement dans le cours ultérieur du développement de l'opéra en général. Rossini, ainsi que nous l'avons vu, la supprima complètement et fit de la mélodie absolue le seul facteur légitime auquel tout autre intérêt, et surtout la participation du poëte devaient se subordonner. En outre, l'opposition que fit Weber à Rossini fut dirigée uniquement contre la légèreté et l'absence de caractère de sa mélodie, et nullement contre la position anti-naturelle du musicien vis-à-vis du dramaturge. Weber, au contraire, renforça encore cette situation anti-naturelle, par l'anoblissement caractéristique de sa mélodie, il se donna une position d'autant plus élevée au-dessus du poëte, que sa mélodie dépassait celle de Rossini en noblesse caractéristique.

Le poëte était à l'égard de Rossini comme un joyeux parasite, que le compositeur, en homme riche, mais bienveillant, traitait avec des huîtres et du champagne, de telle sorte que le docile poëte n'était, chez aucun maître du monde, plus à l'aise que chez le fameux *maëstro* (1). Weber, au contraire,

____

(1) J'imagine que le lecteur, pas plus que moi, ne retrouve dans l'inspiration de la musique de *Guillaume Tell*, les huîtres et le champagne, dont parle M. Wagner.

rempli d'une foi inflexible dans la pureté caractéristique de sa mélodie une et indivisible, subjuguait le poëte avec une cruauté dogmatique et le força à dresser lui-même le bûcher sur lequel le malheureux devait se laisser réduire en cendres, afin d'alimenter le feu de la mélodie de Weber. Le poëte du *Freischütz* arriva, sans le savoir, à ce suicide; il protesta même quand la chaleur du feu dont Weber remplissait encore l'air, prétendant que cette chaleur émanait de lui; mais il se trompait foncièrement : ses bûches ne donnaient de la chaleur que lorsqu'elles étaient anéanties, brûlées; après l'incendie, il ne pouvait revendiquer comme sa propriété que les cendres seules, c'est-à-dire le texte du dialogue.

Après le *Freischütz*, Weber chercha un serviteur plus souple et, voulant faire un nouvel opéra,

---

Dans cette phrase sublime : Mon père, tu m'as dû maudire? la plus émue, peut-être, la plus vraie d'expression qui soit jamais sortie du cœur d'un musicien, il y a autre chose, sans doute, que l'excitation d'un bon souper. Et ne pourrait-on pas dire, au contraire, que le critique, pour trouver de pareilles images, semble s'être oublié dans quelque taverne.

(Note du traducteur.)

ıl prit à sa solde une femme de laquelle il exigea même une soumission absolue. Par la correspondance que Weber entretint avec Madame de Chezy, pendant l'élaboration du texte d'*Euryanthe*, nous savons quelle peine il se donna pour tourmenter jusqu'au sang son auxiliaire poétique; rejetant et prescrivant; puis prescrivant et rejetant encore, effaçant ici et là, demandant des additions; ici allongeant, là faisant faire des coupures et étendant sa volonté jusqu'aux caractères, jusqu'à leurs mobiles et jusqu'aux actions des personnages. En cela, était-il un égoïste maladif ou bien un orgueilleux parvenu qui, devenu vaniteux par le succès de son *Freischütz,* voulait commander en despote, quand la nature des choses exigeait qu'il obéit? Non.

Ce qui parlait en lui avec une excitation passionnée, c'était le souci honnête du musicien qui, poussé par les circonstances, avait entrepris de construire avec la mélodie absolue le drame même. Weber tombait là dans une erreur profonde, mais dans une erreur inévitable, fatale. Ayant élevé la mélodie au plus haut degré de noblesse, il voulait maintenant la couronner muse du drame et de sa forte main rejeter de la scène la misérable engeance qui la déshonorait.

Il avait versé, dans la mélodie du *Freischütz*, tous les traits lyriques de la poésie d'opéra et voulait ensuite faire jaillir le drame lui-même des rayons lumineux de son étoile poétique. On peut dire que la mélodie d'*Euryanthe* a été achevée avant le poëme ; ayant sa mélodie dans les oreilles et dans le cœur, le musicien prétendait régler sur elle le poëme ; mais comme ceci était pratiquement impossible, il y eut entre lui et le poëte des discussions théoriques irritantes après lesquelles ni d'un côté ni de l'autre une entente claire n'était possible. Et quand on examine froidement, cette circonstance, on voit clairement à quelle fâcheuse extrémité des hommes de génie et de sincérité tels que Weber peuvent être amenés en maintenant une erreur artistique fondamentale.

Ce qui était impossible devait rester impossible pour Weber lui-même. Malgré toutes ses indications et ses instructions au poëte, il ne pouvait obtenir une base dramatique que la mélodie dût absorber, précisément parce qu'il voulait mettre au jour non pas seulement un spectacle rempli de situations lyriques, spectacle auquel la musique ne pouvait se prêter (comme dans le *Freischütz*), mais un véritable drame.

A côté de l'élément dramatique d'*Euryanthe*, opéra pour lequel — comme je l'ai dit — la musique était faite à l'avance, il restait une partie assez grande et si étrangère à la musique absolue, que Weber ne put la dominer avec la mélodie proprement dite. Si ce texte avait été l'œuvre d'un véritable poëte qui n'eût fait qu'appeler le musicien à son aide, au lieu d'être le serviteur du musicien, ce texte, dis-je, n'eût pas embarrassé et gêné le musicien ; il l'eût, au contraire, inspiré.

S'il n'avait pas trouvé de prétexte et d'aliment à une large expression musicale, il se fût contenté de fournir un accompagnement, et n'eût agi dans toute sa puissance que lorsque la plénitude de l'expression était nécessaire et commandée par le sujet. Mais le texte d'*Euryanthe* était issu du rapport renversé entre le musicien et le poëte. Pour le compositeur qui était le véritable poëte, naissait partout où il aurait eu à s'abstenir la tâche doublement grande d'imprimer à une matière absolument réfractaire à la musique un caractère tout à fait musical. Weber n'aurait pu y réussir que s'il se fût engagé, musicalement parlant, dans une direction frivole, si, faisant complètement abstraction de toute vérité, il eût lâché les rênes à l'élément épicurien de la mélodie et fait passer la Mort et le Diable dans d'amusantes mélodies à la Rossini. Mais c'est précisément contre cela que Weber éleva ses protestations les plus énergiques; il voulait que sa mélodie fût toujours pleine de caractère, c'est-à-dire vraie et en harmonie avec l'impression objective. Il fallait donc qu'il eût recours à un autre procédé.

Partout où sa mélodie à larges traits, la plupart du temps faite à l'avance, étendue sur le texte comme un vêtement brillant, eût dû faire à ce texte une violence trop visible, il mettait cette mélodie en pièce. Des parties isolées de son édifice mélodique, il fit, suivant les exigences du texte, une mosaïque artistique, qu'il revêtit de nouveau d'un fin vernis mélodique, afin que tout cet assemblage présentât l'apparence de la mélodie absolue, détachée autant que possible du texte. Mais cette illusion voulue ne lui réussit pas.

Weber, aussi bien que Rossini, avait fait de la mélodie absolue la substance principale de l'opéra, et cela d'une façon si décisive, que cette mélodie, détachée de son ensemble dramatique et dépouillée de son texte même, devint, dans sa forme la plus nue, la propriété du public. Une mélodie devait pouvoir être râclée sur le violon, « trompettée », tapotée sur le piano, sans rien perdre de son essence, pour prétendre à l'acceptation générale. Le public n'alla aux opéras de Weber que pour entendre le plus grand nombre possible de semblables mélodies, et le maître s'était trompé gravement en s'imaginant voir le public adopter comme mélodie cette mosaïque déclamatoire et vernissée ; cependant c'était là au fond ce qui lui importait.

Si aux yeux de Weber lui-même, le texte seul pouvait paraître justifier cette mosaïque, d'un côté le public était, avec raison, indifférent à ce texte ; d'un autre côté, il devenait évident que ce texte n'était pas complètement rendu dans la musique. Ce fut précisément cette mélodie incomplète et non arrivée à maturité qui détourna l'attention du public du texte et elle se porta sur la formation d'une mélodie qui en réalité n'aboutit pas. De cette façon l'espoir qu'avait l'auditeur de voir exposer une pensée poétique fut étouffé, et la jouissance de la mélodie fut, pour lui, d'autant plus amoindrie que le désir, d'entendre cette mélodie avait été éveillé sans être satisfait. En dehors des passages, où il était permis au compositeur de considérer sa mélodie naturelle comme pleinement justifiée, ses aspirations artistiques et élevées n'y sont couronnées d'un réel succès que lorsque, par amour pour la vérité, Weber renonce complètement à la mélodie absolue, lorsqu'il rend — comme dans la scène de début du troisième acte, les sentiments du discours dramatique par l'expression musicale la plus noble et la plus fidèle; lorsqu'il place le but de son travail artistique personnel, non plus dans la musique, mais dans la poésie elle-même, qu'il n'emploie la musique que pour la réalisation de ce but. J'ajoute que la musique seule pouvait réaliser ce but si complètement et avec une vérité si persuasive.

La critique n'a pas consacré à *Euryante* toute l'attention que cette pièce mérite par les enseignements qu'elle renferme. Le public, partagé entre l'irritation et le trouble, resta indécis. La critique qui, au fond, ne fait qu'écouter la voix du public pour se guider d'après elle, soit pour aider au succès, soit pour le combattre aveuglément, n'a jamais séparé nettement les éléments essentiellement distincts qui se côtoient dans cet ouvrage de la façon la plus contradictoire; elle n'a jamais expliqué l'insuccès du compositeur par les efforts qu'il fit pour réunir ces éléments, pour en faire un tout harmonique. Depuis qu'il existe des opéras, il n'a jamais été composé d'ouvrage dans lequel les contradictions intimes du genre aient été plus logiquement poursuivies et plus clairement établies par un compositeur mieux doué, plus sensible et plus amoureux de la vérité et qui se soit plus noblement efforcé d'atteindre à la perfection.

Ces contradictions sont, au point de vue général, d'une part, la mélodie absolue, se suffisant entièrement à elle-même, et d'autre part, l'expression dramatique absolument vraie. Une des deux choses devait nécessairement être sacrifiée, la mélodie ou le drame. Rossini sacrifia le drame; le noble Weber voulut le rétablir par la force d'une mélodie substantielle. Il fut obligé d'apprendre que c'était impossible. Las et épuisé par l'effort douloureux que lui coûta son *Euryanthe*, il se plongea dans les délices rêveurs d'un conte oriental, et exhala son dernier souffle de vie avec le cor merveilleux d'Obéron.

Ce que ce noble et aimable musicien, pénétré d'une sainte foi dans la toute-puissance de sa mélodie pure, sortie du génie populaire, avait vainement tenté, un ami de la jeunesse de Weber, Meyerbeer, essaya de le réaliser au point de vue de la mélodie rossinienne.

Celui-ci passa par toutes les phases du développement de cette mélodie, non pas de loin, mais de très-près, et il était bien placé pour cela. Juif, il n'avait pas de langue maternelle intimement liée à son être ; il exprimait indifféremment sa pensée, avec la même facilité, dans toutes les langues modernes, les appropriait à sa musique, sans avoir pour leur génie propre une autre sympathie que celle qui résultait de l'aptitude de chacune d'elles à se subordonner à la musique absolue. Cette aptitude a fait comparer Meyerbeer à Gluck ; celui-ci, en effet, quoique allemand, a composé, lui aussi, sur des textes italiens et français. En réalité, Gluck n'a pas créé sa musique en la faisant sortir de l'instinct de la langue (laquelle, en pareil cas, ne peut être que la langue maternelle) ; ce qui lui importait comme musicien, c'était la parole flottant à la surface, comme expression de l'ensemble des organes de la parole. Sa faculté productrice ne s'élevait pas à l'expression musicale par un effet de leur fécondité créatrice ; mais de l'expression musicale, éparse et diffuse, il revenait au texte et à la parole afin d'y trouver la justification telle quelle de l'expression musicale (1).

______

(1) Pour bien comprendre cette phrase, il faudrait être au courant de certains systèmes allemands sur la formation des langues. Car ce qui préoccupe le moins M. Wagner, c'est de se faire comprendre des musiciens. Je l'ai déjà dit, et le lecteur ne s'en aperçoit que trop, la clarté est la qualité qui manque le plus à l'auteur du *Vaisseau fantôme*.

Un illustre philosophe, dont les travaux sur la philologie font autorité, m'écrit à propos de cette phrase que je lui avais soumise :

« Je crois que la meilleure manière de rendre *rede*, dans le passage que vous me soumettez, c'est par *parole : Sprache* doit être traduit par le mot *langue*, dans le sens où nous l'employons pour désigner l'italien, le français, etc. *Rede*, c'est le langage en général,

La langue était donc indifférente à Gluck, précisément parce qu'il ne s'inquiétait que de la parole. Si la musique, dans cette tendance transcendante, avait pu pénétrer à travers la parole jusqu'à l'organisme de la langue, celle-ci nécessairement eut dû se transformer complétement. Je suis obligé, pour ne pas interrompre ici la marche de mon exposition, de réserver ce sujet extrêmement important pour un examen approfondi qui trouvera sa place à l'endroit approprié de mon écrit; qu'il suffise maintenant de faire remarquer particulièrement que ce qui importait à Gluck, c'est la parole vivante en général — quelle que fût la langue, — parce qu'il trouvait en elle seule une justification de la mélodie; mais, depuis Rossini, cette parole avait été entièrement dévorée par la mélodie absolue; sa charpente matérielle ne servit qu'à soutenir par les voyelles et les consonnes le ton musical. Meyerbeer, par son indifférence à l'esprit de la langue et par

---

la parole, quelle que soit la langue dont on se serve. *Parole* me paraît le meilleur mot. En rendant ainsi, vous ne produirez pas quelque chose de clair, et ce ne sera pas votre faute, mais vous serez exact. »

Que le lecteur me pardonne donc! Quant à l'auteur, il ne récolte que ce qu'il a semé.

(Note du traducteur).

l'aptitude qu'il a à s'en assimiler aisément le côté extérieur (aptitude que l'éducation moderne a rendue accessible aux classes éclairées), était amené naturellement à ne s'occuper que de la musique absolue et dégagée de tout ensemble lingual. Cela lui permit en outre d'observer partout, en lieu et place, la marche du développement de l'art musical; il suivait partout et toujours ses pas.

Il est à remarquer qu'il ne fit que suivre ce développement sans marcher avec lui, et, à plus forte raison, sans le devancer. Il ressemblait à l'étourneau qui suit la charrue dans les champs et qui picote gaiement dans le sillon fraîchement tracé les vers de terre amenés à la surface. Pas une seule direction ne lui appartient en propre, il n'a fait que les surprendre chez ses prédécesseurs, les exploitant avec une incroyable ostentation. Il le faisait avec une rapidité étonnante; à peine son devancier, qu'il écoutait, avait-il prononcé un mot, qu'il achevait immédiatement toute la phrase, sans se soucier s'il avait bien compris le sens de ce mot. Il en advint généralement qu'en réalité il disait toujours autre chose que ce qu'on avait voulu exprimer; mais le

bruit que faisait la phrase de Meyerbeer était si as-
sourdissant que celui qui le devançait n'arrivait
plus à manifester le sens réel de ses mots ; qu'il le
voulût ou non, ce dernier était forcé, pour prendre
part à la conversation, de faire chorus avec la
phrase de Meyerbeer.

En Allemagne, Meyerbeer ne réussit point à
trouver une phase de jeunesse; ce que Weber manifestait dans la plénitude de sa vie mélodique, ne
pouvait se répéter dans le formalisme appris et sec
de Meyerbeer. Las enfin d'une peine inutile, il
écouta avec une amitié traîtresse la voix de sirène de
Rossini et se rendit au pays où poussent les raisins
secs (1), Il devint ainsi la girouette du ciel musical
en Europe, girouette qui par les changements de
vent reste indécise, tournant sur elle-même; puis,
quand le vent s'est fixé dans une direction, s'arrête
également. Meyerbeer composa en Italie des opéras
à la Rossini jusqu'au jour où, à Paris, le grand

---

(1) Il y a ici un jeu de mots intraduisible ; il peut
s'appliquer également aux mots: Rossini, Rosine. et
enfin à *rosinen*, en français, raisins secs.
(Note du traducteur.)

vent commençait à tourner, jusqu'au jour où Auber et Rossini, avec la *Muette* et *Guillaume Tell*, firent de ce vent une véritable tempête.

Comme Meyerbeer alors arriva vite à Paris ! Là il trouva dans le Weber conçu à la française (qu'on se rappelle *Robin des Bois*) et dans le Beethoven *emberliozé* des éléments trop éloignés de l'esprit d'Auber et de celui de Rossini pour qu'ils aient pu y faire attention, mais que lui, Meyerbeer, à l'aide de son universelle aptitude, sut très-bien apprécier. Tout ce qui s'offrit ainsi à lui, il le réunit dans une phrase monstrueusement embrouillée, phrase d'un son si criard et si aigu qu'Auber et Rossini cessèrent tout à coup d'être entendus : le terrible diable « Robert » les emporta tous les deux emsemble.

VI

Il y a quelque chose de profondément triste, quand on passe en revue l'histoire de notre opéra, de ne pouvoir dire du bien que des morts et d'être obligé de poursuivre les vivants avec un acharnement impitoyable ! Si nous voulons être sincère, et nous sommes obligé de l'être, nous devons reconnaître que les maîtres de l'art, qui ne sont plus, méritent seuls la gloire du martyre, car s'ils furent épris d'une erreur, cette erreur leur paraissait noble; ils croyaient en elle sérieusement et saintement, ils lui firent volontiers le douloureux sacrifice de leur vie artistique. Il n'est plus un seul compositeur vivant et en activité de production qu'un besoin intérieur pousse à lutter pour un semblable martyre; l'erreur est si claire, si bien démontrée, que personne n'a plus foi en elle (1).

L'art de l'opéra, que la foi n'inspire plus, s'est abaissé, chez les maîtres modernes, jusqu'à ne plus être qu'un objet de spéculation. On ne retrouve même pas chez eux le sourire aimable de Rossini; partout, c'est le baillement de l'ennui ou le grincement de la démence. Nous retrouvons du moins en elle le dernier souffle de cette erreur, de cette démence qui a déterminé jadis de si nobles sacrifices.

---

(1) Au temps où M. Wagner écrivait ce chapitre, ni Berlioz, ni Meyeerber, ni Rossini, ni Auber n'étaient morts.

(Note du traducteur.)

Ce n'est pas le côté mercantile de la répugnante exploitation de l'opéra que nous avons en vue en considérant l'influence du dernier des héros encore vivants en ce genre. Cet examen ne pourrait que nous remplir d'un dégoût qui nous pousserait à trop de dureté envers cette certaine personnalité, si nous voulions la rendre seule responsable de l'affreuse corruption présente, d'autant plus que cette personnalité se trouve placée au sommet le plus élevé, sceptre en main, couronne au front.

Ne savons-nous pas d'ailleurs que les rois et les princes sont les personnages les moins libres, même dans leurs actes les plus arbitraires.

Ne considérons donc dans ce roi de la musique d'opéra que les traits de la démence, qui nous le font voir découragé et fort à plaindre, mais non pas méprisable ! Dans l'intérêt de l'art vrai, nous pénétrerons la nature de cette démence ; ses efforts tourmentés nous permettent d'apprécier l'*erreur* qui a donné l'existence à un genre artistique, dont il faut que nous tirions au clair la base, si nous voulons, avec un courage sain et juvénile, rajeunir l'art lui-même.

— Nous pouvons procéder à cette étude, maintenant que nous avons démontré l'erreur dans son essence et qu'il ne nous reste plus pour nous en convainere complètement qu'à l'observer dans quelques-uns de ses traits les plus reconnaissables.

Je n'ai pas entrepris de présenter une critique des opéras de Meyerbeer, mais bien de montrer en eux l'essence de l'opéra moderne dans sa relation avec le genre en général. Si j'ai été contraint, par la nature du sujet, de donner à mon exposition un caractère historique, je ne me suis cependant pas laissé entraîner dans les détails historiques.

Si j'avais à caractériser l'aptitude et la vocation de Meyerbeer pour la composition dramatique, dans l'intérêt de la vérité que je poursuis, je relèverais surtout dans ses œuvres un phénomène remarquable. Le vide, la lassitude, et la nullité artistique y sont si flagrants, que nous sommes tentés de réduire à zéro son aptitude musicale spéciale comparée même à celle de la grande majorité des compositeurs ses contemporains. Nous ne nous étonnerons cependant pas des grands succès obtenus par Meyerbeer devant le public musical de l'Europe, car ce miracle s'explique très-facilement par ce public lui-même. Mais nous entendons seulement nous arrêter sur des considérations artistiques.

Remarquons que ce compositeur, malgré son impuissance manifeste à trouver dans ses propres forces musicales le moindre signe de vie artistique, s'élève néanmoins, dans quelques passages de sa musique d'opéra, à la plus grande et à la plus incontestable puissance.

Ces fragments sont le produit d'une réelle inspiration, et si nous les examinons de plus près, nous reconnaîtrons que la source de cette inspiration se trouve réellement dans la situation créée par le poëme. Lorsque le poëte se débarrasse de la contrainte que le compositeur fait peser sur lui ; quand, en dépit de ses procédés de compilation dramatique, il a rencontré involontairement une situation qui lui permet de respirer et d'exhaler de nouveau l'air libre de la vie humaine ; c'est alors qu'il fait passer subitement dans l'esprit du musicien le souffle d'inspiration; et le compositeur qui, dans tout son passé artistique, n'a pas donné un seul passage d'invention réelle, réussit tout à coup à trouver l'expression musicale la plus riche, la plus noble et la plus saisissante.

Je veux parler de la célèbre scène d'amour du quatrième acte des *Huguenots* et surtout de la mélodie si merveilleusement expressive, en *sol bémol*. Cette mélodie apparaît comme une fleur parfumée dans une situation saisissante, où vibrent toutes les fibres du cœur humain, où l'on se sent pris d'une douleur non sans charme, mélodie qu'on ne peut comparer qu'aux productions les plus parfaites de la musique. C'est avec une joie sincère et un véritable enthousiasme que je signale ce passage, précisément parce qu'il appartient à la véritable essence de l'art et qu'il nous permet de constater — et nous le faisons avec bonheur — que l'aptitude au véritable travail artistique peut venir au musicien le plus corrompu, lorsque celui-ci obéit à une nécessité plus forte que sa volonté personnelle et que, songeant à son propre salut, il dirige subitement ses efforts sur la voie de l'art vrai.

Mais le fait de ne pouvoir louer que des traits

isolés de la scène d'amour que je viens de citer nous oblige à méditer sur le genre de démence qui étouffe dans le germe les plus nobles facultés du musicien, imprimant à sa muse le fade sourire d'une coquetterie répulsive ou les contorsions grimaçantes d'une ambition en délire.

Cette démence consiste dans cette idée du musicien, d'obténir par ses propres forces des résultats auxquels il ne peut prétendre et auxquels il ne peut que participer, puisqu'ils sont produits par d'autres facultés que les siennes.

L'ambition mal placée, qui poussait le musicien à satisfaire sa vanité et à chercher l'éclat d'une puissance sans bornes, a réduit ses riches moyens à la misérable pauvreté dans laquelle nous apparaît maintenant la musique des opéras de Meyerbeer. En voulant imposer ses formes étroites au drame, cette musique a mis en pleine évidence la roideur et la stérilité de ces formes. En cherchant à paraître riche et variée, elle est descendue comme art musical, à une indigence morale si complète, qu'elle est obligée de faire des emprunts à la mécanique.

Grâce à son dessein égoïste d'épuiser la caractéristique dramatique par des moyens simplement musicaux, elle a perdu complètement toute faculté naturelle d'expression et s'est avilie à une bouffonnerie grotesque.

J'ai dit, au commencement, que l'*erreur* du genre artistique de l'opéra consiste en ceci : qu'on a fait d'un moyen de l'expression (la musique) le but, et du but de l'expression (le drame) un moyen. Maintenant, nous pouvons donc caractériser en ces termes, la folie qui a mis en évidence, en le poussant jusqu'au ridicule, le caractère anti-naturel du genre de l'opéra : « Cette forme de l'expression voulait déterminer par elle-même la pensée du drame. »

VII

Nous sommes au bout de notre tâche, car nous avons montré jusqu'où s'étendait le pouvoir d'expression de la musique, c'est-à-dire jusqu'à la manifestation de sa complète impuissance.

Quant aujourd'hui, nous parlons de musique,

d'opéra, nous ne parlons plus d'un art, mais simplement de l'un des phénomènes de la mode. Le critique qui ne sent pas en lui l'impérieuse nécessité artistique, peut seul exprimer encore des espérances ou même des doutes sur l'avenir de l'opéra. L'artiste, s'il n'est pas descendu jusqu'à spéculer sur le public, montre, en cherchant des issues à côté de l'opéra et en se rabattant notamment sur la participation du poëte, qu'il tient lui-même l'opéra pour mort.

Mais ici, nous touchons le point sur lequel il faut faire un jour complet, si nous voulons concevoir et fixer les rapports naturels et vrais qui existent entre le musicien et le poëte. Ces rapports doivent être si complétement opposés à ce qu'ils étaient jusqu'à présent, que le musicien n'y trouvera son salut que lorsqu'il aura renoncé à tout souvenir des anciens errements, le moindre lien pouvant le ramener vers la stérile démence du passé.

Pour rendre complètement clairs ces rapports sains et seuls salutaires, il faut que nous exposions encore une fois, sous une forme succincte, mais précise, l'*essence de notre musique actuelle*.

Nous envisagerons rapidement et clairement la question en résumant l'essence de la musique dans l'idée de mélodie. De même que l'intérieur est le fond et la raison déterminante de l'extérieur, et que cependant l'intérieur ne se manifeste clairement que dans l'extérieur, de même l'harmonie et le *rhythme* sont les organes qui déterminent la forme ; la mélodie est la forme véritable de la musique. L'harmonie et le rhythme constituent le sang, la chair, les nerfs, les os et tous les viscères qui restent invisibles aux yeux chez l'homme ; la mélodie, au contraire, est cet homme tel qu'il se présente à nos yeux. En le regardant, nous considérons uniquement la forme telle qu'elle s'exprime sous son enveloppe cutanée ; nous contemplons la manifestation la plus expressive de cette forme dans les traits de la figure, et nous nous arrêtons enfin à l'œil, manifestation la plus vivante et la plus intime de l'homme qui révèle le plus clairement son être intérieur, organe qui ne doit ses facultés communicatives qu'à l'universelle aptitude de recevoir les manifestations venant de l'extérieur. De même, la mélodie est l'expression la plus complète de l'essence de la musique ; toute mélodie vraie, déterminée par cette essence intime, parle également à nous par cet œil, lequel nous montre cet intérieur de la manière la plus expressive, mais toujours de façon que nous ne voyons que le rayon de la pupille et non pas l'organisme intérieur dans sa nudité.

Quand le peuple inventa la mélodie, il procéda, comme procède l'homme qui, par l'acte involontaire de l'accouplement sexuel engendre l'homme. L'homme ainsi engendré, quand il arrive à la lumière du jour, est achevé dès qu'il se manifeste par sa forme extérieure, et non pas seulement lorsqu'il se révèle par son organisme intérieur. L'art grec ne concevait cet homme que dans sa forme extérieure et s'appliquait à le reproduire d'une façon fidèle et vivante avec la pierre et l'airain. Le *christianisme*, au contraire, a procédé par l'anatomie; voulant découvrir l'âme de l'homme, il ouvrit, et découpa le corps et mit à nu tout l'organisme intérieur, organisme qu'il nous répugnait de regarder, précisément parce qu'il ne devait pas être mis sous nos yeux. Mais en recherchant l'âme, nous avons tué le corps; en voulant découvrir la source de la vie, nous avons anéanti la manifestation de la vie, et nous avons rencontré ainsi des viscères morts. Ces viscères ne pouvaient devenir des causes déterminantes de vie qu'à la condition de se manifester sans interruption. Mais l'âme qu'on cherchait n'était autre chose, en réalité, que la vie elle-même. Il ne restait donc à l'anatomie chrétienne que la mort.

Le christianisme avait étouffé le mouvement organique de la vie artistique du peuple, sa force naturelle de production. Il avait opéré des incisions dans sa chair et détruit avec le scalpel à deux tranchants l'organisme de sa vie artistique. La vie en commun, qui seule permet au peuple de s'élever jusqu'à la puissance de la véritable création artistique, appartenait au catholicisme : c'est dans la solitude seulement, là où des fractions populaires, loin de la grande route de la vie commune, se trouvaient seules avec elles-mêmes et la nature, que se conserva, dans une simplicité enfantine et dans une misérable pauvreté, la chanson populaire, inséparablement unie à la poésie.

Si d'abord nous laissons de côté la chanson, nous voyons la musique prendre, sur le terrain de

l'art cultivé, une marche de développement entièrement nouvelle : de l'organisme qu'on avait dis-
séqué anatomiquement et intérieurement tué, on
voulut faire naître une vie nouvelle par la réunion
d'organes séparés. Dans le chant d'église, l'harmonie s'était développée d'une manière indépendante. Par besoin naturel de vivre, elle fut nécessairement amenée à se manifester comme mélodie ;
mais elle avait besoin, pour cela, de s'appuyer sur
le rhythme, qui donne la forme et le mouvement,
rhythme arbitraire, plutôt imaginaire que réel, et
qu'elle empruntait à la danse. Cette nouvelle com-
binaison ne pouvait être qu'artificielle. De même
que la poétique a été construite suivant les règles
qu'Aristote avait tirées des auteurs tragiques, de
même la musique a été établie suivant des hypothèses
et des prescriptions scientifiques. Cela se passait au
temps où l'on voulait faire des hommes suivant des
recettes savantes et au moyen d'opérations chimiques.
La musique savante cherchait aussi à construire un
homme de ce genre : le mécanisme voulait remplacer
l'organisme. Mais cette infatigable activité dans
l'invention mécanique n'avait, en réalité, pour but
que l'homme réel, l'homme qui, reconstruit par

l'idée, devait enfin s'éveiller de nouveau à la vie véritablement organique. Nous touchons ainsi à la marche du développement moderne!

L'homme que la musique voulait créer, c'était la mélodie, c'est-à-dire la manifestation vitale la plus précise, la plus frappante de l'organisme véritablement vivant de la musique. A mesure que la musique se développait dans ce désir de se faire homme, nous voyons grandir de plus en plus les efforts qu'elle fait pour se manifester clairement par la mélodie, et il n'y a pas d'œuvres musicales dans lesquelles ces efforts aient un caractère plus puissant et en même temps plus douloureux que dans les œuvres instrumentales de Beethoven. Nous admirons en elles le labeur immense du mécanisme qui veut devenir homme, labeur qui avait pour objet de donner à tous ces éléments le sang et les nerfs d'un organisme vivant, afin d'arriver par lui à se manifester comme mélodie.

En cela, la marche particulière décisive de tout notre développement artistique se montre bien plus fidèlement chez Beethoven que chez nos composi--

teurs d'opéra. Ceux-ci ont conçu la mélodie comme une chose achevée et placée en dehors de leur travail artistique. Ils ont emprunté la mélodie à la création organique de laquelle ils n'avaient pris aucune part, sur les lèvres du peuple. Ils l'ont arrachée ainsi de son organisme, et l'ont appliquée suivant leur arbitraire, sans justifier autrement cette application que par la fantaisie du plaisir. Si cette mélodie populaire était la forme extérieure de l'homme, les compositeurs d'opéra ont, en quelque sorte, dépouillé cet homme de sa peau, et l'ont couvert d'un mannequin comme pour lui donner une apparence humaine. De cette façon ils ont pu tromper tout au plus les sauvages civilisés, à savoir le public superficiel de notre opéra.

Chez Beethoven, au contraire, nous reconnaissons le désir naturel de tirer la mélodie de l'organisme intérieur de la musique. Dans ses œuvres les plus importantes, il ne donne nullement la mélodie comme une chose achevée d'avance, mais il la fait naître de ses organes, en quelque sorte sous nos yeux ; il nous initie à cet acte de génération, en nous l'exposant suivant sa nécessité organique. Mais ce que le maître dans son œuvre principale nous montre de plus décisif, c'est la nécessité sentie par lui, en tant que musicien, de se jeter dans les bras du poëte, pour accomplir l'acte de procréation de la mélodie vraie, efficace et salutaire. Pour devenir *homme,* il fallait que Beethoven devînt un homme complet, en se subordonnant aux conditions sexuelles de l'homme et de la femme. Quelle fut sérieuse, profonde et ardente, la méditation que fit naître enfin dans le musicien, si richement doué, la mélodie simple avec laquelle il s'épancha dans les paroles du poëte : « O joie, ô belle étincelle céleste ! » — Mais cette mélodie nous a révélé également le secret de la musique ; maintenant nous savons. Nous avons acquis la faculté de nous montrer des artistes consciencieux et organiquement créateurs.

Arrêtons-nous un instant au point le plus important de notre étude, en prenant pour guide la « mélodie de la joie » de Beethoven.

La mélodie populaire retrouvée par les musiciens cultivés nous offre un double intérêt : celui de la joie dans sa beauté naturelle telle que nous l'avons rencontrée dans le peuple, et celui de l'étude de son organisme intérieur. La joie en elle-même devait, à proprement parler, rester stérile pour notre activité artistique. Pour imiter avec quelque succès cette mélodie, nous eussions été obligés, pour le fond et la forme, de nous renfermer étroitement dans un genre artistique analogue à la chanson populaire; bien plus, pour acquérir cette faculté d'imitation, il nous eût, à vrai dire, fallu devenir nous-mêmes des artistes populaires. Nous n'eussions donc pas eu même à l'imiter, mais à la retrouver comme peuple.

Il eut été possible, dans un travail artistique entièrement différent de celui du peuple, d'utiliser cette mélodie, en la soumettant à un entourage et à des conditions qui devaient nécessairement la défigurer. L'histoire de la musique d'opéra se ramène uniquement au fond à celle de cette mélodie. Dans cette histoire, la mélodie populaire a des périodes où elle est tour à tour prise et reprise et en même temps défigurée, suivant des lois analogues au flux et au reflux. Les musiciens, qui sentirent le plus douloureusement ce qu'était devenue la mélodie populaire devenue l'air d'opéra, se virent acculés à la

nécessité plus ou moins clairement sentie de songer
à la génération organique de la mélodie elle-même.
Le compositeur pouvait trouver facilement le procédé nécessaire pour y parvenir, et cependant, c'est
lui qui précisément n'y réussit pas, parce qu'il était
placé dans une situation entièrement fausse à l'égard
de l'élément poétique seul capable de fécondation,
parce que, dans sa position illégitime et usurpatrice,
il avait, en quelque sorte, dépouillé cet élément de
ses organes générateurs. Dans cette fausse situation
vis-à-vis du poëte, le compositeur, de quelque manière qu'il s'y prît, était obligé, partout où le sentiment s'élevait à la hauteur d'un épanchement
mélodique, d'apporter également sa mélodie toute
faite, parce que le poëte devait à l'avance se sou-
mettre à la forme dans laquelle cette mélodie
se manifestait : mais cette forme avait une action si
prédominante sur la conformation de la mélodie
d'opéra, qu'en réalité, elle en déterminait également
le fond.

Cette forme était empruntée à la chanson populaire ; sa tournure extérieure, l'alternance et le
retour du mouvement dans la mesure rhythmique

étaient pris à la danse populaire qui, primitivement, ne se différenciait pas de la chanson. On s'était contenté de varier cette forme, restée jusque dans ces derniers temps l'échafaudage immuable de l'air d'opéra. Avec elle seule, une construction mélodique était possible; construction déterminée à l'avance par cet échafaudage. Le musicien, dès qu'il entrait dans cette forme, ne pouvait plus inventer, mais seulement varier; il se trouvait ainsi dépouillé d'avance de tout pouvoir générateur organique; car la vraie mélodie, nous l'avons vu, est elle-même une manifestation d'un organisme intérieur. Elle doit donc, pour naître organiquement, se constituer elle-même sa forme. La mélodie construite, au contraire, sur la forme ne pouvait jamais être autre chose qu'une imitation de la mélodie primitivement exprimée dans cette forme (1). On

------

(1) Le compositeur d'opéra qui dans la forme de l'air se voyait condamné à une éternelle stérilité, chercha dans le *récitatif* un chant pour un mouvement plus libre, de l'expression musicale. Mais ce récitatif était également une forme déterminée. Le musicien abandonnait-il l'expression purement rhétorique qui est propre au récitatif pour faire éclore la fleur d'un sentiment plus vif? il se voyait alors acculé de nouveau dans la forme de l'air. Abandonnait-il entièrement la

remarque les efforts que tentèrent beaucoup de compositeurs d'opéra pour briser cette forme; mais ces
efforts ne pouvaient être couronnés de succès que si
des formes nouvelles eussent été créées. Et cette
forme nouvelle n'eût-elle été vraiment artistique
qu'en se produisant comme une manifestation déterminée d'un organisme musical particulier. Tout
organisme musical est féminin de sa nature, il peut
enfanter, mais non procréer; la force génératrice
réside en dehors de lui, et, sans être fécondé par
cette force, il ne peut pas enfanter. Voilà tout le
mystère de la stérilité de la musique moderne!

Nous avons dit que le procédé artistique de Beethoven dans ses œuvres instrumentales les plus
importantes, consistait à nous montrer l'acte d'enfantement de la mélodie. Remarquons à ce propos,
— et cela est caractéristique — que le maître ne
nous présente la mélodie pleine et achevée que dans
le cours d'un morceau. Et cependant cette mélodie

---

forme de l'air? il restait alors enfermé dans la simple
rhétorique du récitatif, sans jamais s'élever à la mélodie; hors le cas, bien entendu, où s'oubliant lui-
même, il recevait en lui le germe fécondant du poëte.
(Note de l'auteur.)

doit être supposée achevée chez l'artiste de prime abord ; il n'a fait que briser la forme étroite, — cette forme contre laquelle le compositeur d'opéra luttait en vain, — il l'a résolue en ses éléments, pour les réunir par une création organique dans un tout, dans un ensemble nouveau, mettant en contact les éléments de diverses mélodies, comme pour démontrer la parenté organique des éléments les plus distincts en apparence ainsi que la parenté native de ces mélodies diverses. Beethoven nous révèle par là, l'organisme intérieur de la musique absolue : il lui importait, en quelque sorte, d'établir cet organisme par la mécanique, de revendiquer pour lui la vie intérieure et de le montrer en pleine vie dans l'acte même de l'enfantement. Mais ce n'était toujours qu'avec la mélodie absolue ou'il fécondait cet organisme ; il l'animait ainsi en *l'exerçant* pour ainsi dire à l'enfantement, en lui faisant procréer à nouveau la mélodie déjà achevée. Ce procédé l'amenait à fournir la semence fécondante à l'organisme de la musique. Muni maintenant de la faculté d'enfantement il l'emprunta, cette semence fécondante, à la force génératrice du poëte.

Quoique opposé à toute expérimentation esthéti-que, Beethoven, qui s'était assimilé sans en avoir conscience l'esprit de notre développement artisti-que, ne pouvait, en un certain sens, agir autrement que spéculativement. Il n'était nullement poussé à un travail involontaire par la pensée génératrice du poëte ; c'était lui, au contraire, qui, brûlant du dé-sir de l'enfantement musical, cherchait le poëte.

Sa mélodie de la *Joie* elle-même ne paraît pas avoir été conçue pour quelques vers du poëte, mais en vue du poëme de Schiller sous le coup de l'ex-citation produite par son sens général.

Lorsque Beethoven, dans le cours de la composi-tion, arrive aux rapports dramatiques immédiats (1) c'est alors seulement que ses combinaisons mélodi-ques émergent d'une façon de plus en plus précise du poëme, de telle sorte que l'expression infiniment variée de sa musique répond au sens le plus élevé du poëme, du texte littéral d'une façon si directe et si exclusive, que subitement la musique nous sem-

---

(1) Pour me rendre complètement clair, je renvoie à : « *Soyez enlacés, millions* » et à la connexion de ce thème avec : « *Joie, belle étincelle céleste !* »

(Note de l'auteur.)

ble inséparable du poëme. Et c'est là le point où nous voyons le résultat des recherches esthétiques sur l'organisme de la chanson populaire confirmé avec une éclatante clarté par un fait artistique. De même que la mélodie populaire vivante, est inséparable du poëme populaire vivant, et que, séparé de celui-ci, il est organiquement tué, de même l'organisme de la musique, n'est capable d'enfanter la mélodie vraie et vivante que s'il est fécondé par la pensée du poëte. La musique enfante, le poëte engendre ; aussi la musique était-elle parvenue au sommet de la démence, lorsqu'elle ne voulait pas seulement enfanter, mais engendrer.

La musique est une femme.

La nature de la femme, c'est l'amour ; mais cet amour est celui qui conçoit et qui, dans la conception, se livre sans réserve.

La femme n'acquiert sa pleine individualité qu'au moment où elle se livre. Elle est l'ondine qui glisse inanimée à travers les vagues de son élément jusqu'à ce que l'amour d'un homme lui donne une âme. L'innocence dans l'œil de la femme, c'est le miroir limpide dans lequel l'homme ne reconnaît là faculté générale pour l'amour que jusqu'à ce qu'il puisse y voir sa propre image. S'y est-il reconnu; alors l'universelle aptitude de la femme s'est condensée dans l'unique et impérieuse nécessité de l'aimer avec la violence du complet abandon.

La vraie femme aime sans réserve parce qu'il faut qu'elle aime. Elle n'a pas de choix hors le cas où elle n'aime pas. Mais quand elle est obligée d'aimer, alors elle éprouve une immense contrainte qui pour la première fois développe également sa volonté. Cette volonté en révolte contre la nécessité, est le plus puissant mouvement de l'individualité de l'objet aimé, qui, en pénétrant la femme par la conception, l'a douée elle-même d'individualité et de volonté. Là est l'orgueil de la femme, orgueil qui ne naît pour elle que de la force de l'individualité qu'elle a absorbée et qu'elle soumet à la nécessité de l'amour. Elle lutte ainsi, à cause de l'objet conçu qu'elle aime, contre la contrainte de l'amour lui-même, jusqu'à ce que, dominée par cette toute-puissance, elle comprenne que cette nécessité, de même que son orgueil, ne sont que l'exercice de la faculté, de l'individualité conçue, que l'amour et l'objet aimé ne font qu'un, que sans cet amour, elle n'a ni force ni volonté et que, du moment où elle est envahie par l'orgueil, elle se trouve anéantie. Le franc aveu de cet anéantissement est alors le sacrifice actif du dernier abandon de la femme : son orgueil se résout ainsi, avec pleine conscience, dans la seule chose qu'elle puisse éprouver, qu'elle puisse sentir et penser, dans cette chose qui est elle-même, — je veux dire l'amour pour cet homme.

Une femme qui n'aime pas avec cet orgueil de l'abandon, n'aime pas en vérité. Or, une femme qui n'aime pas, c'est le phénomène le plus horrible et le plus répugnant. Citons les types caractéristiques de femmes de ce genre.

On a appelé très-justement la musique italienne d'opéra des temps modernes « une fille de joie. » Une courtisane peut se vanter de rester toujours elle-même ; elle ne se met jamais hors d'elle ; elle ne se sacrifie jamais, sauf le cas où elle veut elle-même éprouver du plaisir ou obtenir un avantage, et pour ce cas, elle n'offre à la jouissance étrangère que la partie de son être dont elle peut facilement disposer, parce qu'elle est devenue pour elle un objet de sa volonté. Dans les embrassements d'amour de la courtisane, ce n'est pas la femme qui est présente, mais une partie seulement de son organisme sensuel; dans l'amour, elle ne conçoit pas d'individualité; mais elle se livre sexuellement à la chose sexuelle. La courtisane est ainsi une femme non développée, une femme atrophiée, mais elle exerce du moins les fonctions sensuelles du sexe féminin, fonctions auxquelles nous pouvons encore, quoique avec regret, reconnaître la femme.

La musique de l'opéra français passe avec raison pour une coquette. La coquette prend plaisir à être admirée et même à être aimée; mais elle ne peut jouir de la joie particulière qu'elle éprouve à être admirée et aimée qu'à la condition de n'être pas elle-même éprise d'admiration ou d'amour pour l'objet auquel elle inspire ces sentiments. L'avantage qu'elle cherche, c'est une satisfaction personnelle, la satisfaction de sa vanité. Etre admirée et aimée, c'est la jouissance de sa vie, jouissance qui serait momentanément troublée, s'il lui arrivait d'éprouver de l'admiration ou de l'amour. Si elle venait à aimer, cette jouissance disparaîtrait ; car, dans l'amour, elle est nécessairement obligée de s'oublier et de se livrer à la jouissance d'un autre être, au risque de la douleur et même de la mort quelquefois. La coquette ne se garde de rien autant que de l'amour, afin de maintenir intacte la seule chose qu'elle aime, c'est-à-dire elle-même, c'est-à-dire encore l'être qui emprunte sa force séductrice et son individualité apprise à l'approche de l'homme auquel elle retient ainsi sa propriété. La coquette vit donc d'égoïsme, et la force de sa vie est dans sa froideur glaciale. La nature féminine métamorphosée en elle, il ne reste plus rien de la femme, et nous nous détournons de son froid sourire, qui ne nous renvoie que notre image grimaçante, pour revenir désespérés à la fille de joie italienne.

Mais il existe encore un type de femmes dénaturées, type qui nous remplit d'une horreur profonde : c'est la prude, dont nous reconnaissons les caractères dans la soi-disant musique allemande d'opéra (1).

---

(1) Par opéra allemand, je n'entends naturellement pas l'opéra de Weber, mais ce fait moderne dont on parle d'autant plus qu'il existe moins en réalité —

Il peut arriver qu'un amour s'éveille subitement chez la courtisane pour le jeune homme qui l'étreint, — témoin le *Dieu et la Bayadère !* A force de se jouer avec l'amour, elle peut se trouver prise elle-même à ce jeu. Malgré toute la résistance de la vanité, elle se verra prise au filet dans lequel elle pleure maintenant la perte de sa volonté.

Mais cet accident si humain n'arrivera jamais à la femme qui surveille sa vertu avec le fanatisme de la foi orthodoxe, à la femme dont la vertu réside, par principe, dans l'absence d'amour. La prude est élevée suivant les règles de la décence ; depuis sa tendre jeunesse elle n'a jamais entendu prononcer le mot *amour*, qu'avec embarras. Elle entre dans le

comme on pourrait dire de « l'empire allemand (1) ». Le caractère particulier de cet opéra consiste en ce qu'il est le fruit de la conception des compositeurs allemands modernes, qui n'arrivent pas à composer sur des textes français ou italiens. Incapables d'écrire des opéras français ou italiens, ils se consolent avec cette prétention orgueilleuse d'aboutir à quelque chose d'original « puisqu'ils savent beaucoup plus de musique » que les Italiens et les Français.

(Note de l'auteur.)

(1) Les évènements ont, hélas ! donné tort à M. Wagner. Comme on le voit, le musicien de « l'avenir » n'est pas même prophète en son pays !

(Note du traducteur.)

monde, le cœur nourri de dogmes ; elle regarde pudiquement autour d'elle, aperçoit la courtisane et la coquette, se frappe pieusement la poitrine, et s'écrie : « Je te rends grâce, Seigneur, de ce que je ne leur ressemble pas ! » La force de sa vie, c'est la décence ; sa seule volonté, la négation de l'amour, qu'elle se figure être l'apanage exclusif de la courtisane et de la coquette. Sa vertu consiste à fuir le vice ; son activité, c'est la stérilité ; son âme, c'est l'orgueil le plus impertinent.

Combien cette femme est près de la chute la plus avilissante ! Dans son cœur de dévote, l'amour ne s'agite jamais ; mais dans sa chair soigneusement cachée, s'agite la plus vulgaire sensualité.

On sait où fleurit le cagotisme ? Nous venons de voir tomber la prude dans tous les vices de ses sœurs italienne et française, augmentés encore de l'hypocrisie et malheureusement sans aucune originalité !

Détournons-nous de cet horrible aspect, et demandons-nous maintenant quelle femme doit être la vraie musique.

Une femme qui aime réellement, est celle qui place sa vertu dans son orgueil, et son orgueil dans son sacrifice, — dans le sacrifice par lequel elle abandonne, quand elle conçoit, non pas une partie de son être, mais son être tout entier, dans toute la plénitude de ses facultés. Enfanter avec joie ce qu'elle a conçu, tel est l'acte de la femme, et, pour l'accomplir, la femme n'a besoin que de se montrer entièrement ce qu'elle est, et de ne rien vouloir absolument ; car elle ne peut vouloir qu'une chose : être femme ! La femme est donc pour l'homme la mesure éternellement claire et reconnaissable de l'infaillibilité naturelle ; car elle est la perfection, quand elle s'abandonne à la spontanéité à laquelle elle est condamnée par ce qui peut seul sanctifier son être, par la nécessité de l'amour (1).

Et, ici, je vous montre encore une fois l'admirable musicien, chez lequel la musique a été entièrement ce qu'elle est susceptible d'être, quand précisément elle reste dans la plénitude de son être,

______

(1) Je le demande, dans quel auteur serait-il possible de trouver semblable galimatias ?

(*Note du traducteur.*)

la musique et rien autre chose que la musique.
Regardez Mozart! Fut-il un musicien moins
grand, parce qu'il n'était absolument que musicien,
parce qu'il ne pouvait ni ne voulait être autre
chose que musicien? Voyez son *Don Juan!* La
musique a-t-elle jamais acquis ailleurs une individualité aussi riche? S'est-elle jamais caractérisée
avec autant de sûreté et de précision, avec plus
d'abondance que là où le musicien, suivant la nature de son art, n'était autre chose qu'une femme
aimant sans réserve?

Mais arrêtons-nous pour nous demander quel sera
l'homme que cette femme doit aimer sans réserve?
Examinons bien, avant de livrer l'amour de cette
femme, si l'amour correspondant de l'homme vaut
d'être mendié; voyons si cet amour n'est pas également nécessaire à l'homme, s'il ne lui est pas
salutaire?

C'est donc le poëte que nous allons considérer
maintenant. . . . .

R. WAGNER.

Si, dans le chapitre, qu'on vient de lire on rencontre quelques aperçus ingénieux et intéressants, ils se perdent bientôt dans des obscurités germaniques, dans des rapprochements faux, dans des comparaisons ridicules, dans des divagations prétentieuses et souvent hors de propos. Je n'ai d'ailleurs, découvert rien de bien nouveau, rien de bien original dans les pages où M. Wagner se renferme exclusivement dans la critique musicale. Il reste, là, très-loin d'Hector Berlioz, au point de vue de l'esprit, de l'originalité, du jugement, du savoir, sous tous les rapports enfin.

Ce qu'il y a, surtout, d'insupportable dans la critique de M. Wagner, c'est le système d'amoindrissement des œuvres musicales célèbres, c'est l'esprit de dénigrement qui y règnent. Toutes les gloires de la musique y sont rapetissées et parfois même insultées : Les plus illustres musiciens n'y apparaissent que comme des précurseurs de l'œuvre wagnérienne, les autres y sont traités d'artistes de décadence. Et lorsque M. Wagner touche d'une plume dédaigneuse à l'école française, il oublie volontairement nos maîtres les plus charmants, ne nommant même pas le grand Rameau!

En traduisant ce fragment critique, je me suis demandé plus d'une fois si j'irais jusqu'au bout de cette tâche ingrate. Mais je voulais atteindre mon but — faire connaître l'esprit de l'auteur de *Tristan et Yseult*, esprit dont les tendances élevées se perdent dans une confusion, souvent inextricable et que gâte un orgueil dont on ne trouverait pas un second exemple dans l'histoire de l'art.

En résumé, je doute fort que le critique puisse jamais faire aimer l'artiste.

DE LA DIRECTION DE L'ORCHESTRE (1).

I

Je me propose de développer dans les pages suivantes, le résultat de mon expérience et de mes observations, touchant une partie du domaine musical, terrain jusqu'à présent abandonné à la routine, et au jugement des ignorants. Pour fonder ma propre opinion, j'en appellerai, non pas à ceux qui dirigent l'orchestre, mais aux musiciens et aux chanteurs, car eux seuls ont réellement le sentiment d'être bien ou mal conduits. Et encore ne peuvent-ils se prononcer sur ce point que s'ils ont été au moins une fois dans leur vie bien dirigés,

---

(1) Fragment traduit de l'allemand d'après les œuvres complètes de M. R. Wagner: *Gesammalte Schriften und Dichtungen;* 4e volume chez l'éditeur Fritzch. Leipzig.

Quelques coupures, sans importance au point de vue général des idées, ont été faites à ce chapitre.

(*Note du traducteur.*)

ce qui ne se présente que très exceptionnellement. Aussi n'est-ce point un système que je veux exposer sur ce sujet, mais bien une série d'observations que je me réserve de développer à l'occasion.

Il est hors de doute que la manière dont leurs œuvres sont présentées au public ne saurait être indifférente au compositeur. Celui-ci ne peut naturellement éprouver d'impressions justes sur une œuvre musicale que par une bonne exécution ; mais il n'est point apte à juger sur une mauvaise. On se rendra compte de ce qu'est la plupart du temps, en Allemagne, non-seulement l'interprétation des opéras, mais encore celle des œuvres symphoniques, si l'on suit avec attention et quelque connaissance de la question, mes éclaircissements touchant les éléments de cette exécution.

Les défauts des orchestres allemands qui frappent les yeux du connaisseur, tiennent pour la plupart à ceux qui les dirigent, tels que maîtres de chapelle, directeurs de musique, etc., etc. Plus les exigences de l'orchestre sont devenues grandes et sérieuses, plus le choix de ses chefs a été fait avec ignorance et négligence par les directeurs des établissements artistiques. Lorsque la tâche la plus élevée de l'orchestre était contenue dans une partition de Mozart, l'orchestre avait toujours à sa tête le véritable maître de chapelle allemand, toujours grandement considéré (au moins dans sa localité), sûr, sévère, despote et même brutal. Le dernier de cette race était Frédéric Schneider, de Dessau. Guhr, de Francfort, lui appartenait aussi.

J'ai pu apprécier, il y a environ huit ans, par l'exécution de mon *Lohengrin* à Carlsruhe, sous la direction du vieux maître de chapelle Strauss, tout ce que ces hommes, véritables « perruques », d'après la manière dont ils se comportent vis-à-vis de la musique nouvelle, pouvaient produire d'excellent dans leur genre. Cet homme estimable envisageait évidemment ma partition avec épouvante et avec un étonnement gros de soucis; mais son attention portait aussi sur la direction de l'orchestre, que l'on n'aurait pu imaginer ni plus précise ni plus vigoureuse; on voyait que tout lui obéissait comme à un homme qui n'admet aucune plaisanterie et qui tient son monde dans la main.

Chose étonnante, ce vieillard est le seul directeur célèbre que j'aie connu qui eut véritablement du feu. Ses temps étaient plutôt précipités qu'emportés, mais toujours énergiques et bien exécutés.

La direction de M. Esser à Vienne m'a produit une bonne impression, analogue à celle-ci. Enfin, ce qui devait rendre ces directeurs, lorsqu'ils étaient moins bien doués que ceux que je viens de citer, incapables de former des orchestres quand une nouvelle musique plus compliquée se fut produite, c'était précisément leur vieille habitude de ne voir et de ne remplir que les devoirs qui leur avaient été imposés jusque-là.

Je ne connais pas d'exemple, en Allemagne, d'un orchestre établi uniquement en vue des exigences de la nouvelle instrumentation. De tous temps, dans les grands orchestres, les musiciens passent par rang d'ancienneté aux places de chefs de pupitres, et en conséquence ne parviennent au premier rang que lorsque leurs forces sont déjà affaiblies, tandis que les instrumentistes plus jeunes et plus énergiques restent au second plan, ce qui devient un défaut capital et sensible pour les instruments à vent.

Si dans ces derniers temps on doit aux efforts éclairés et surtout à la science plus approfondie des musiciens, que ces inconvénients aillent toujours en diminuant, il es' une autre cause qui a produit des résultats fâcheux et persistants : c'est la manière dont est remplie la tâche des instruments à cordes. Ici l'on sacrifie toujours et sans aucune réflexion le second violon et surtout l'alto (1). Ce dernier instrument, pour la plupart du temps, reste confié à des violonistes invalides ou très peu habiles; c'est tout au plus si l'on cherche à placer au premier rang un véritable bon joueur

---

(1) Ce que M. Wagner dit des altos allemands peut s'appliquer aussi, dans une certaine mesure, à nos altos français. Aussi avais-je émis le vœu, en 1870, dans la commission nommée alors par le ministre des Beaux-Arts, pour étudier les réformes à introduire dans le Conservatoire, qu'une classe spéciale d'altos y fut introduite. Ma proposition, soutenue par M. Gewaert, avait été votée à la presque unanimité. Mais les événements politiques ont dissous cette commission. Le Conservatoire n'a, depuis, réalisé aucune réforme sérieuse.

(Note du traducteur.)

d'alto pour les soli qui se présentent de temps à autre ; cependant j'ai pu constater parfois qu'on les confiait au premier violon. Dans un grand orchestre, sur huit joueurs d'alto, on m'en a montré un seul qui pût exécuter correctement les nombreux passages difficiles d'une de mes dernières partitions.

Cette manière de procéder tient au caractère de l'ancienne instrumentation dans laquelle l'alto n'était employé que pour accompagnement ; on peut aussi la justifier, dans les temps plus récents, par le misérable système d'instrumentation des compositeurs italiens, dont les œuvres constituent une partie importante et favorite du répertoire des théâtres allemands. Comme leurs intendants eux-mêmes, s'appuyant sur le goût des cours auxquelles ils sont attachés, tiennent avant tout à ces opéras à la mode, il n'y a pas lieu de s'en étonner.

Les exigences nouvelles, basées sur des œuvres complétement antipathiques à ces messieurs, ne sont satisfaites que lorsque le maître de chapelle est un homme de poids et de sérieuse considération, sachant, lui-même, bien exactement ce qui est nécessaire aujourd'hui pour un orchestre. C'est ce qui échappe généralement à nos anciens maîtres de chapelle ; il en est de même de la nécessité d'augmenter en une proportion suffisante le nombre des instruments à cordes dans nos orchestres, en présence du nombre et de l'emploi de plus en plus considérable des instruments à vent.

Ce qu'on a récemment tenté à ce point de vue, la disproportion devenant trop évidente, n'a jamais suffi pour mettre les orchestres allemands les plus célèbres à la hauteur des orchestres français, qui les dépassent encore par l'habileté de leurs excellents violonistes et surtout par celle de leurs violoncellistes.

Le premier et le véritable devoir des directeurs de nouvelle date et de nouveau style serait de reconnaître et d'exécuter ce que n'ont pas compris les maîtres de chapelle de vieille souche. Mais on a pris soin qu'ils ne portassent pas ombrage aux intendants, et que l'autorité des énergiques « perruques » de l'ancien temps ne passât entre leurs mains.

Il est important et instructif de voir comment

cette nouvelle génération, qui représentait alors
tout le monde musical allemand, arrivait à la célébrité et aux fonctions. Comme c'est aux grands
et petits théâtres de Cour et aux théâtres en général que nous devons l'entretien des orchestres,
il nous faut aussi supporter que les directions de
ces théâtres présentent à la nation allemande ceux
des musiciens qui, d'après eux, représentent, et
eela souvent pendant des demi-siècles, la gloire
et le génie de la musique allemande. La plupart
de ces musiciens si favorisés doivent savoir comment ils sont parvenus à cette distinction, car les
services qui les y ont amenés ne sont visibles
que pour un œil exercé et encore pour un bien petit
nombre d'entre eux.

Le véritable musicien allemand obtenait ces
« bons postes, » la plupart du temps, par la simple application de la loi d'inertie ; on montait en
se faisant pousser peu à peu. Je crois que le grand
orchestre de la Cour, à Berlin, a reçu de la sorte
la plupart de ses directeurs. Quelquefois, pourtant, on montait par bonds ; on arrivait subitement à la grandeur, par la protection de la femme

de chambre d'une princesse, etc., etc. Aussi ne peut-on se rendre compte du préjudice porté à la direction et à la formation de nos plus grands orchestres d'opéra, par cette manière de procéder.

Complètement dépourvus de mérite et d'autorité, les chefs d'orchestre ne pouvaient se maintenir dans leur position vis-à-vis des musiciens sous leurs ordres, que par leur humilité envers un chef supérieur ignorant, mais prétendant tout connaître, et par une basse condescendance pour leurs exigences. En laissant de côté toute discipline artistique, discipline qu'ils n'étaient, d'ailleurs, en aucune façon capables de maintenir, soumis et obéissants à tout ce qui venait d'en haut, ces maîtres parvenaient à la popularité. Toutes les difficultés relatives aux études étaient surmontées avec une satisfaction réciproque, à l'aide d'une invocation pleine d'onction « à l'antique célébrité de la chapelle X... » Qui donc remarquait que ce célèbre établissement baissait d'année en année ? Où étaient les maîtres capables de juger les œuvres ? Ce n'était certainement pas la critique, qui ne sait qu'aboyer lorsqu'on ne lui ferme pas la bouche; il est vrai qu'on s'entendait de tous côtés, pour la lui fermer (1).

Dans les temps plus récents, ces places de directeurs ont été occupées aussi par des artistes spécialement appelés à cet effet. Suivant le caprice de la direction supérieure, on fait venir de n'importe où un bon routinier; et cela, pour redonner un peu d'activité à l'inertie des maîtres de chapelle du pays! Ce sont ces gens-là qui montent un opéra en quinze jours, savent battre énergiquement la mesure et composer dans une partition étrangère des finales à effet, pour les cantatrices. La chapelle de la Cour à Dresde, a joui de ces avantages avec un de ses directeurs les plus célèbres.

Quelquefois aussi on cherche la véritable célébrité. On veut produire « des grandeurs musicales. » Les théâtres n'en ont pas à offrir, mais les académies de chant et les établissements de concerts en produisent environ tous les deux ou trois ans selon l'estimation des feuilletons des grands jour-

______

(1) Telle est, paraît-il, la critique musicale en Allemagne. M. Wagner aurait-il donc eu à s'en plaindre ?
(Note du traducteur).

naux politiques. Ce sont là nos banquiers musicaux d'aujourd'hui, tels qu'ils sont sortis de l'école de Mendelssohn, et présentés au monde sous ses auspices.

De toute façon, c'était là une autre race d'hommes que les rejetons impuissants de nos vieux pointus, — des musiciens ayant grandi non dans l'orchestre ou au théâtre, mais savamment élevés dans les Conservatoires nouvellement fondés, composant des oratorios et des psaumes, assidus aux répétitions des concerts par abonnement. Ils avaient aussi reçu des leçons pour diriger l'orchestre et y apportaient une élégance complétement inconnue jusque là aux musiciens. Il ne fallait plus songer à la rudesse.

Ce qui chez nos pauvres maîtres de chapelle indigènes était une timidité craintive et un manque d'assurance, se manifesta chez eux comme le parfait bon ton, auquel ils se croyaient d'ailleurs tenus, en raison de leur position un peu embarrassée à l'égard de notre vie sociale allemande. Je crois que ces hommes ont exercé une influence favorable sur notre orchestre. Il est certain qu'ils ont fait disparaître bien des crudités, bien des brutalités, et que depuis lors on observe et l'on interprète mieux les détails élégants.

L'orchestre nouveau leur était déjà beaucoup plus familier qu'à leur prédécesseur, car, sous bien des rapports, il devait à Mendelssohn bien des perfectionnements délicats et recherchés dans la voie que le génie délicieux de Weber avait seul explorée jusqu'alors (1).

Mais il manquait quelque chose à ces messieurs pour favoriser la nouvelle organisation de notre orchestre et des établissements qui s'y rattachent. C'était cette énergie que seule la confiance en soi-même peut donner, en s'appuyant sur une véritable valeur personnelle. Car malheureusement tout ici est factice : réputation, talent, éducation, foi, amour, espérance. Chacun d'eux est si occupé de lui-même, de sa situation artistique, qu'il ne peut songer aux questions générales, incidentes et nouvelles, ce qui d'ailleurs ne le regarde pas. Ils n'ont

____

(1) On ne sait si M. Wagner raille ou approuve tant il y a de confusion dans son esprit et dans son style.
(*Note du traducteur.*)

pris la place de nos anciens maîtres allemands, que parce que ceux-ci étaient descendus trop bas et devenus trop incapables de satisfaire aux exigences des temps et du style modernes.

On dirait qu'ils n'occupent cette position que pendant une période de transition, tant ils se préoccupent peu de l'idéal artistique allemand, qui attire cependant tout ce qui est élevé. Cet idéal leur est étranger dans sa nature la plus intime. Ils ne comptent que sur la publicité pour satisfaire aux exigences de la musique nouvelle. Meyerbeer, par exemple, payait de sa poche un flûtiste? qui lui faisait une belle réputation à Paris. Comme il connaissait fort bien les conditions d'une bonne exécution, comme il était, en outre, riche et indépendant, il aurait pu être d'une utilité extraordinaire à l'orchestre de Berlin, lorsque le roi de Prusse le nomma directeur général de la musique.

Mendelssohn, appelé dans le même temps à Berlin, ne manquait ni de connaissances ni de qualités exceptionnelles. Tous deux, à la vérité, ont rencontré ces mêmes obstacles qui ont entravé jusqu'ici tout ce qu'on a voulu faire de bon dans ce genre. Maintenant pourquoi ne sont-ils pas parvenus à écarter ces obstacles? N'étaient-ils pas tous deux en situation de le faire à tous les points de vue et comme personne ne le pourra aussi bien à l'avenir? La force les a-t-elle donc abandonnés? Il semblerait vraiment qu'ils n'aient pas eu d'énergie, puisqu'ils ont laissé les choses en l'état où ils les ont trouvées. Nous avons maintenant devant nous le célèbre orchestre de Berlin, d'où a disparu jusqu'à la dernière trace cette précision imprimée par Spontini. Et cependant c'étaient Meyerbeer et Mendelssohn! Que feront donc alors leurs pâles successeurs?

II

Il résulte de cette revue que nous venons de passer des survivants des anciens maîtres de chapelle, et de la nouvelle race de directeurs, qu'il n'y a pas grand'chose à attendre d'eux pour la réforme de l'orchestre. Par contre, l'initiative des perfectionnements heureux n'est jamais venue que des musiciens eux-mêmes, ce qui s'explique facilement par le développement considérable de la virtuosité technique. Les progrès que les virtuoses des divers instruments ont introduits dans nos orchestres sont incontestables, mais ils eussent été plus complets encore si leurs directeurs eussent été à la hauteur de leur situation.

Le virtuose dépassa bientôt de la tête et nos vieux maîtres de chapelle, et les professeurs de piano qui, protégés par les femmes de chambre, leur avaient succédé. Le virtuose joua en quelque sorte à l'orchestre le rôle de la *prima donna* au théâtre. Le nouveau et élégant maître de chapelle s'associait avec le virtuose, ce qui sous bien des rapports, n'eût pas été regrettable, et ce qui même aurait pu commencer le développement de l'ensemble, si ces messieurs eussent compris le génie de la véritable musique allemande.

Il faut observer ensuite qu'ils devaient leurs places au théâtre de même que les orchestres lui devaient leur existence, et que la plupart de leurs occupations et de leurs productions se rapportaient à l'Opéra. Il leur eut fallu en dehors du théâtre et de l'opéra apprendre quelque chose encore ; il leur eût fallu comprendre l'application de la musique à l'art dramatique, science aussi nécessaire que l'application des mathématiques à l'astronomie. S'ils avaient bien compris le chant et l'expression dramatique, il en serait résulté, pour eux, une nouvelle lumière dans la manière de diriger l'orchestre, et d'exécuter la nouvelle musique instrumentale allemande.

Je voudrais faire sentir quelle force nouvelle le directeur aurait à son service pour la perfection de l'exécution, s'il comprenait bien son rôle dans le théâtre auquel il doit sa position et sa réputation. Il considère l'opéra comme une tâche journalière pénible, et met son honneur dans la salle de concert d'où il est sorti. Car, ainsi que je l'ai dit, chaque fois que l'intendant d'un théâtre cherche un maître de chapelle célèbre, il doit le prendre ailleurs qu'au théâtre.

Pour bien juger un ancien directeur de concert ou d'une académie de chant, il faut l'étudier là où il est réellement chez lui, là où il a fondé sa réputation de musicien allemand célèbre. Considérons-le d'abord comme directeur de concert.

L'exécution par l'orchestre de notre musique classique a produit sur moi, dès ma première jeunesse, une impression fâcheuse qui n'a pas varié depuis. Toutes les beautés d'expression, toute la vie, toute l'âme qui s'étaient révélées pour moi au piano ou à la lecture de la partition, c'est à peine si je les reconnaissais, et, presque toujours, elles passaient complétement inaperçues de la plupart des auditeurs. Plus tard, les causes de ce phénomène me sont apparues distinctement, je les ai exposées en détail dans mon *Rapport sur une école allemande de musique projetée à Munich,* travail auquel je prie le lecteur consciencieux de se reporter. Ces causes prennent incontestablement leur source dans l'absence de tout Conservatoire allemand, la chose prise dans la plus stricte acception du mot; école où se conserverait d'une manière continue et vivante, la saine tradition de l'exécution normale, telle qu'elle aurait été fixée par les maîtres euxmêmes, ce qui supposerait naturellement que ceux-ci auraient été mis à même de régler cette exécution (1). Par malheur, cette hypothèse et les

---

(1) Comme on le voit, d'après M. Wagner, les traditions ne se conservent pas plus en Allemagne qu'ailleurs.

(*Note du traducteur.*)

conséquences qui en découlent n'ont pas eu de prise én Allemagne sur l'esprit de progrès, et, aujourd'hui encore, lorsque nous voulons nous éclairer sur la portée d'un morceau de musique classique, nous en sommes réduits à subir les fantaisies personnelles du premier chef d'orchestre venu, et sa manière de comprendre le rhythme ou l'exécution de ce morceau.

Au temps de ma jeunesse, ces morceaux classiques s'exécutaient aux fameux concerts de Leipzig, sans que personne conduisît l'orchestre, à peu près comme des ouvertures de mélodrames ou des morceaux d'entracte. Ils n'avaient donc nullement à souffrir de l'individualité pernicieuse d'un chef d'orchestre; tous les hivers, régulièrement, on reprenait des morceaux de notre musique classique ne présentant pas de difficultés techniques exceptionnelles; l'exécution était facile et précise; on voyait que l'orchestre accueillait toujours avec un plaisir nouveau ses morceaux de prédilection, qui lui étaient devenus familiers.

Il n'y avait que la *Neuvième symphonie* de Beethoven dont on ne pût venir à bout; cependant on se faisait un point d'honneur de l'attaquer tous les ans. J'avais copié de ma main la partition de cette symphonie, je l'avais arrangée pour piano. Quelle ne fut pas ma surprise lorsque en l'entendant exécuter à ces concerts de Leipzig, je n'en reçus que les impressions les plus confuses ; mon découragement fut tel que, doutant de Beethoven, je cessai pour quelque temps de l'étudier. Je note d'ailleurs cette circonstance, que je ne commençai à goûter réellement la musique instrumentale de Mozart que quand l'occasion me fut offerte d'en diriger moi-même l'exécution. Mais la lumière ne se fit complétement pour moi que lorsque j'entendis en 1839, cette *Neuvième symphonie* de Beethoven, qui m'était devenue si suspecte, exécutée par l'orchestre du Conservatoire de Paris. Les écailles me tombèrent des yeux ; je vis toute l'importance du rôle de l'orchestre et je pénétrai du même coup le secret de l'heureuse solution du problème.

L'orchestre avait appris à apprécier, dans chaque mesure, la mélodie de Beethoven qui avait, de toute évidence, complétement échappé à nos braves musiciens de Leipzig ; et, cette mélodie, l'orchestre la chantait.

Voilà le secret. Cependant le chef d'orchestre n'était pas une nature musicale exceptionnelle. Habeneck, à qui revient le grand honneur de ce chef-d'œuvre d'exécution, après avoir fait répéter pendant tout un hiver cette symphonie, n'avait compris qu'alors cette musique, inintelligible pour lui au début; mais il est douteux que les chefs d'orchestre allemands l'aient jamais comprise. Toutefois, cela devait suffire pour déterminer Habeneck à consacrer une seconde, une troisième année à l'étude de cette symphonie, à ne pas lâcher prise avant que la mélodie de Beethoven ne fût bien pénétrée par chacun des musiciens. Comme tous étaient des musiciens doués d'un sentiment vrai de l'exécution mélodique, ils ne pouvaient manquer de la bien rendre. Quant à Habeneck, un chef d'orchestre de la vieille école, il était le maître; et tout lui obéissait.

Mais, sans insister sur cette révélation sublime, je me demande seulement, en parcourant la série des observations pratiques que j'ai pu faire alors, par quelle voie ces musiciens de Paris étaient arrivés à une solution aussi précise de ce difficile problème? Evidemment, par celle du travail le plus consciencieux, de ce travail caractéristique de musiciens qui ne se contentent pas de se faire des compliments réciproques, qui ne s'imaginent pas tout deviner d'emblée, qui, au contraire, en présence de ce qu'ils n'ont pas encore compris, se sentent humbles et inquiets cherchant à attaquer les difficultés par le côté où ils sont sur leur terrain, par le côté technique.

L'influence exercée sur le musicien français par l'école italienne, dont il relève presque immédiatement, a ceci de bon, que la musique ne lui devient accessible qu'à travers le chant; bien jouer d'un instrument, c'est, pour lui, faire bien chanter cet instrument. Et, comme je le disais tout à l'heure, cet excellent orchestre *chantait* la symphonie en question.

Mais, pour la *chanter* convenablement, il leur fallait observer le rhythme exact : et c'est là une seconde découverte que je fis en cette circonstance. Le vieil Habeneck n'était guidé dans cette recherche par aucune vue abstraite, par aucune inspiration esthétique. Ce n'était point un génie créateur, mais il avait découvert le véritable rhythme en amenant son orchestre, grâce à un travail persévérant, à saisir la melodie de la symphonie.

Seule, l'intuition nette de la mélodie donne le véritable rhythme; ces deux éléments sont inséparables; l'un découle de l'autre. Et si je ne crains pas, en portant un jugement sur la manière dont la plupart du temps sont exécutées chez nous les œuvres classiques, de la déclarer défectueuse à un haut degré, c'est que je suis en mesure de démontrer que nos chefs d'orchestre ne comprennent rien au rhythme, par la raison qu'ils ne comprennent rien au chant (1).

Je n'ai pas encore trouvé, en Allemagne, un seul maître de chapelle, un seul chef d'orchestre capable de chanter réellement, avec une voix bonne ou mauvaise, peu importe, une mélodie quelconque; la musique est pour eux quelque chose qui flotte entre la grammaire, l'arithmétique et la gymnastique. On comprend sans peine qu'avec un pareil enseignement on puisse devenir un bon professeur

---

(1) M. Wagner seul, comprend tout.

(*Note du traducteur.*)

dans un Conservatoire ou dans un établissement quelconque de gymnastique musicale; en revanche, il serait fort surprenant que l'on fût capable d'infuser l'âme et la vie à l'exécution d'une œuvre musicale.

Je me permettrai de consigner ici certains autres résultats de mes observations sur cette matière.

Pour indiquer d'un mot ce qui, dans l'exécution d'un morceau de musique, incombe au chef d'orchestre, ou peut dire qu'il doit, à chaque instant, indiquer exactement la mesure : car, au choix et à la détermination de celle-ci, nous verrons, du premier coup, si le chef d'orchestre a, oui ou non, compris le morceau. Le rhythme vrai met un bon musicien, suffisamment familiarisé avec un morceau donné, sur la voie de la bonne exécution de cette page, parce que le sentiment du rhythme suppose chez celui qui dirige l'orchestre, le sentiment de l'exécution. Or, on se rend compte de la difficulté de bien déterminer le rhythme, en songeant que cette détermination repose sur celle de la bonne exécution sous tous les rapports.

Les vieux maîtres le savaient bien. Chez Haydn, chez Mozart, l'indication du « temps » est très-simple. Chez Bach, elle fait, presque partout, complètement défaut, et c'est peut-être ce qui vaut le mieux au vrai point de vue musical. Bach se disait sans doute : Pour celui qui ne comprend pas mon thème, qui n'en sent ni le caractère, ni l'expression, que signifiera toute ces indications italiennes ?

Pour ne parler que de ce que mon expérience personnelle m'a mis à même d'apprécier, j'avais donné, dans les premiers opéras que j'ai fait représenter, un grand développement à l'indication de la mesure, et j'avais fixé celle-ci (du moins le croyais-je) d'une manière invariable, à l'aide du métronome. Quand, dans l'exécution d'un de ces opéras, par exemple du *Tannhauser*, je constatais l'emploi d'un rhythme absurde, on me donnait invariablement pour excuse que l'on s'était conformé avec la dernière rigueur à mes indications métronomiques. (1)

C'est alors que j'ai compris l'incertitude des résultats que donne l'adjonction des mathématiques à la musique ; et, depuis, non-seulement j'ai laissé de côté le métronome, mais encore je me suis con-

______

(1) Avant M. Wagner, Beethoven avait eu à se plaindre du métronome.   (*Note du traducteur.*)

tenté de notations très-générales pour les « temps » principaux, n'apportant quelque précision qu'à l'indication des modifications de ces « temps », matière complétement étrangère, ou peu s'en faut, à nos chefs d'orchestre. Il m'est revenu que ce vague dans la notation a jeté les chefs d'orchestre dans de nouvelles perplexités et de nouvelles contradictions, et que cela tenait en partie à ce que j'avais employé des termes allemands ; habitués aux vieilles rubriques italiennes, ils ne savaient ce que j'entendais par « modéré » (*mœssig*). L'un d'eux, au dire de la *Gazette universelle d'Augsbourg*, a fait durer trois heures mon *Rheingold*, qui n'avait jamais, aux répétitions surveillées par moi, dépassé deux heures et demie. Une autre fois, en me rendant compte d'une représentation de mon *Tannhauser*, on me disait que l'Ouverture qui, sous ma conduite, avait duré, à Dresde, douze minutes, s'était prolongée pendant vingt minutes.

Traîner en longueur, n'est pourtant pas l'habitude des élégants chefs d'orchestre de notre temps ; ils ont bien plutôt un penchant fatal à la précipitation : c'est même là un trait caractéristique de la musique contemporaine, et l'on me permettra d'insister sur ce point (1).

Robert Schumann me disait un jour à Dresde qu'aux concerts de Leipzig, Mendelsshon lui avait gâté le plaisir qu'il avait à entendre la « neuvième symphonie », par l'emploi d'un rhythme trop précipité, notamment dans la première phrase. J'ai moi-même assisté, à Berlin, à la répétition d'une symphonie de Beethoven, exécutée sous la direction de Mendelssohn ; c'était la huitième. Je remarquai qu'il s'emparait çà et là — et pour ainsi dire à sa fantaisie — d'un détail, et travaillait avec une certaine obstination à en faire ressortir l'exécution, il y réussissait si bien, que je me demandais pourquoi il ne portait pas aussi son attention sur d'autres nuances. Au reste, cette symphonie si incomparablement animée glissait et s'écoulait avec une remarquable uniformité.

Plusieurs fois il m'a dit lui-même, à propos de la conduite des orchestres, qu'un rhythme trop lent

____

(1) C'est là une observation très-juste.

(Note du traducteur.)

avait presque toujours des inconvénients, et que, pour lui, il préférait aller un peu trop vite ; qu'une exécution vraiment bonne était quelque chose de bien rare ; que l'on pouvait se permettre d'escamoter des difficultés, pourvu que cela ne fût pas trop visible ; et que, pour atteindre ce but, le mieux était de ne pas trop appuyer, et de glisser, au contraire, le plus vivement possible. Les disciples proprement dits de Mendelssohn doivent avoir reçu sur cette matière, des enseignements plus complets et plus précis encore ; les paroles que je viens de rapporter n'étaient point des paroles en l'air, et, dans la suite, j'ai eu l'occasion de me familiariser avec les conséquences de cette maxime, et, finalement, avec l'esprit qui la dictait.

Ces conséquences, je les ai observées personnellement à Londres, à la *Société philharmonique.* Mendelssohn en avait conduit longtemps l'orchestre ; sa méthode y était devenue traditionnelle, et l'on prétend même que les concerts de cette Société avaient exercé sur le maître, à cet égard, une grande influence. On y exécute un nombre prodigieux de morceaux de musique instrumentale ; on n'y consacre à chacun d'eux qu'une seule répétition ; la plupart du temps, j'étais obligé de laisser l'orchestre suivre ses traditions , et je fis ainsi connaissance avec une méthode d'exécution qui me remit bien vite en mémoire les vues que m'avait exprimées Mendelssohn à cet égard (1).

Cela coulait comme l'eau d'une fontaine de place publique ; de pauses, il n'en était jamais question, et il n'était pas d'*allegro* qui ne se terminât en véritable *presto*. Il était assez pénible de réagir contre cette tendance ; le rhythme normal, dès qu'on l'observait, avait pour résultat de faire surgir tous les défauts d'exécution qui, auparavant, disparaissaient sous un déluge de notes. Par exemple , l'orchestre s'en tenait toujours au *mezzo-forte ;* jamais de vrai *forte,* jamais de vrai *piano.* Je faisais mon possible , dans les circonstances importantes, pour rectifier l'exécution d'après mes vues, et ramener la mesure à ce qu'elle devait être. Les meilleurs d'entre les musiciens s'y prêtèrent sans difficulté, et même

---

(1) Malheureusement, Mendelssohn n'est plus là pour répondre.

(*Note du traducteur.*)

avec satisfaction ; le public n'y trouva rien à redire ; seuls, les critiques d'art entrèrent en fureur, et intimidèrent à tel point les administrateurs de la Société, que ceux-ci me recommandèrent de faire exécuter la symphonie de Mozart en *ré* en me conformant à la tradition et aux errements suivis par Mendelssohn lui-même.

La fatale maxime ne tarda pas à se formuler d'une manière plus précise encore dans la prière que m'adressa un bon vieux contrepointiste (M. Potter, si je ne me trompe) ; je devais diriger l'exécution d'une de ses symphonies ; il me conjura d'en enlever vivement l'*andante*, parce qu'il tremblait que cet *andante* n'ennuyât. Je lui observai que ce fragment, si peu de temps qu'il durât, ne manquerait pas d'ennuyer, s'il était exécuté légèrement et sans expression ; tandis qu'il captiverait à coup sûr l'attention, si le thème, du reste fort joli dans sa naïveté, était reproduit par l'orchestre, tel que je me mis alors à le lui chanter, tel, en somme, qu'il l'avait conçu lui-même. Profondément ému, M. Potter me donna raison, et s'excusa en me disant qu'il avait perdu de vue ce genre d'exécution orchestrale. Le soir, précisément après l'exécution de cet *andante*, il vint me serrer cordialement la main.

Un soir, à Dresde, j'assistais avec Mendelssohn à l'exécution de la symphonie en *fa* de Beethoven par un orchestre que dirigeait feu le maître de chapelle Reissiger. Je croyais être tombé d'accord avec mon collègue, qui m'avait promis de ralentir la mesure à certains passages. Mendelssohn me donnait complétement raison. La symphonie commença. A la troisième phrase, je tressaillis en m'apercevant que l'on suivait le rhythme tradition-nel ; mais, avant que j'eusse le temps d'exprimer mon mécontentement : « A la bonne heure ! bravo ! » me dit Mendelssohn en souriant et en balançant la tête d'un air approbateur. Ma surprise se changea en stupeur. Reissiger, au fond, pour des motifs dont je parlerai plus loin, n'était que légèrement blâmable. En revanche, la distraction de Men-delssohn, me fit soupçonner que l'appréciation de certaines choses lui échappait. Il me sembla voir s'entr'ouvrir devant moi un véritable abîme de di-lettantisme superficiel, un vide absolu.

Une aventure semblable à celle de Reissiger

m'arriva peu après, — et, cette fois encore, à l'occasion du même passage de la *Huitième Symphonie*, — avec un autre célèbre chef d'orchestre,
un de ceux qui ont succédé à Mendelssohn dans la
direction des concerts de Leipzig. Celui-là aussi
était entré dans mes vues et m'avait promis de
ralentir convenablement la mesure de ce passage,
à un concert où il dirigeait l'orchestre, et auquel il
m'avait invité. Il ne me tint pas parole, et s'en
excusa d'une assez singulière façon : il m'avoua en
riant que, par suite des préoccupations de toutes
sortes qui l'avaient assiégé, en sa qualité de directeur du concert, ce n'était qu'une fois l'exécution
commencée qu'il s'était souvenu de la promesse qu'il
m'avait faite ; que, naturellement, il n'avait pu
modifier tout-à-coup le rhythme accoutumé, et s'é-
tait vu obligé, cette fois encore, de s'en tenir à
l'ancienne mesure. Cette explication m'affecta péniblement ; cependant, j'étais content d'avoir au
moins trouvé quelqu'un qui ne se refusât pas à
constater la différence par moi signalée, et qui ne
trouvât pas qu'il fût indifférent d'employer un
rhythme ou l'autre. Je ne crois pas, du reste, pouvoir, en cette circonstance, accuser le chef d'or-

chestre en question de légèreté et d'inconséquence ;
lui-même s'accusant d'oubli, il y avait là une raison
pour laquelle il ne devait pas ralentir la mesure,
et une raison excellente, bien qu'il ne s'en rendît
pas compte. Passer de la répétition à l'exécution,
en modifiant sensiblement la mesure, eût été hasar-
deux ; c'eût été, à coup sûr, un acte d'imprévoyance
dont les conséquences fâcheuses furent épargnées au
chef d'orchestre par un défaut de mémoire qui se
manifestait si à propos. Accoutumé comme il l'était
à l'exécution rapide du morceau, l'orchestre se serait trouvé complétement dérouté, si on lui eût
brusquement imposé le rhythme modéré, rhythme
qui, naturellement, impliquait une exécution toute
différente.

C'est là, en effet, le point capital et sur lequel
on ne saurait trop insister, si l'on veut, à l'exécution
actuelle de nos œuvres classiques, souvent si né-
gligée, et gâtée par de mauvaises habitudes, sub-
stituer une exécution convenable. Les mauvaises
habitudes finissent par acquérir sur la détermination
de la mesure des droits apparents, parce qu'alors
s'établit une sorte d'équilibre entre elles et l'en-

semble de l'exécution; mais cet équilibre, qui dis-
simule à l'auditeur prévenu les lacunes véritables,
a le grave inconvénient de rendre presque toujours
l'exécution intolérable, si on se contente de rectifier
la mesure sans toucher au reste.

Je me permettrai de signaler encore un effet
désastreux des habitudes contractées par nos chefs
d'orchestre. On ne sait plus, dans nos orchestres,
ce que c'est que la prolongation soutenue d'un *forte*.
J'engage chacun de nos chefs à demander à n'importe lequel de ses instrumentistes un *forte* continu,
uniforme; il verra quelle surprise accueillera cette
demande insolite, et quels exercices persévérants il
faudra pour arriver, sous ce rapport, à de bons
résultats.

Et cependant ce *forte* soutenu est la base de la
puissance, aussi bien pour le chant que pour l'orchestre ; c'est le point de départ de toutes les modifications dont la variété détermine essentiellement
le caractère de l'exécution. Sans cette base, un orchestre ne peut faire que beaucoup de bruit, et peu
de besogne; et c'est là une des premières manifestations de la faiblesse de nos exécutions orchestrales.

Si l'impéritie de nos chefs d'orchestre, à cet égard, est complète, ou bien près de l'être, en revanche, ils attachent une certaine importance au *pianissimo soutenu*. S'il est facile à réaliser avec les instruments à cordes, il est très-difficile de l'obtenir des instruments à vent, notamment de ceux en bois. Il est presque inutile de le demander à ces derniers instrumentistes, notamment aux flûtistes, qui ont transformé leurs instruments, autrefois si doux, aujourd'hui si bruyants. Il y a peut-être lieu de faire une exception en faveur des hautbois français, qui ont le bon esprit de ne jamais oublier le caractère pastoral de leur instrument, et aussi en faveur des clarinettistes, dès qu'on se borne à demander à ceux-ci l'effet d'écho.

Ces côtés faibles, qui se font sentir dans les exécutions de nos meilleurs orchestres, nous conduisent à poser la question suivante : Puisque nous ne pouvons obtenir des instruments à vent un piano soutenu, pourquoi ne pas donner, afin de maintenir l'équilibre, et d'éviter un contraste tout-à-fait ridicule, un peu plus d'ampleur au grêle *piano* des instruments à cordes? Du reste, il est évident que cette disproportion échappe totalement à nos chefs d'orchestre. Elle provient surtout du caractère à part que présente le *piano* des instruments à archet; car, si nous n'avons pas de *forte* normal, nous n'avons pas non plus de *piano* normal; à l'un comme à l'autre manque la plénitude du ton, et, à cet égard, nos joueurs d'instruments à archet auraient quelque chose à apprendre des joueurs d'instruments à vent.

Il n'est pas difficile aux premiers de laisser flotter leur archet sur les cordes, de manière à n'imprimer à celles-ci qu'un léger tremblement, tandis qu'il faut aux autres un art consommé pour régler et maîtriser l'émission du souffle au point d'arriver, avec une émission minimum, à produire cependant le ton perceptible et pur. Les violonistes pourraient donc se familiariser, près des joueurs distingués d'instruments à vent, avec le véritable *piano* soutenu, et, de leur côté, ceux-ci pourraient s'y initier à l'école des chanteurs éminents. (1)

---

(1) Quand M. Wagner peut se renfermer dans les limites de la vérité, quand il ne cède pas à la passion, il dit, parfois, des choses excellentes. On lira avec intérêt tout ce passage sur la continuation soutenue du *forte* et du *piano* et celui qui suit sur le *mouvement*.
(*Note du traducteur.*)

C'est entre le *piano soutenu* et le *forte soutenu* dont nous parlions plus haut, que se meut l'exécution. Que deviendra donc celle-ci, si on ne se préoccupe pas de ces points de repère? Que pourront être les modifications de cette exécution, si les limites extrêmes restent indéterminées? Elles seront à coup sûr si défectueuses, que le meilleur moyen de se tirre d'affaire sera de glisser rapidement en escamotant les difficultés, conformément à la maxime de Mendelssohn, maxime que nos chefs d'orchestre ont du reste élevée à la hauteur d'un véritable dogme. Ce dogme, avec les conséquences qu'on en peut déduire, règne aujourd'hui sans partage dans l'église de nos chefs d'orchestre, et c'est lui qui les pousse à crier à l'hérésie, dès que l'on fait la moindre tentative pour rectifier l'exécution de notre musique classique.

Pour ne point perdre de vue nos chefs d'orchestre, j'en reviens à la mesure, car, ainsi que je l'ai dit plus haut, c'est la pierre de touche qui permet d'apprécier au premier abord l'aptitude d'un chef d'orchestre.

Il est évident que le rhythme d'un morceau ne

peut se déterminer que d'après le caractère de l'exécution ; ce n'est que quand nous sommes d'accord sur ce dernier élément que nous pouvons nous entendre sur l'autre. Les exigences de l'exécution, la tendance qu'elle manifeste à incliner soit du côté soutenu (chant), soit du côté du mouvement rhythmique (figuration), voilà ce qui doit décider le chef d'orchestre à accorder la préférence à telle ou telle mesure.

Or, ici, se manifeste l'opposition de l'*adagio* et de l'*allegro*, analogue à celle du ton soutenu et du mouvement figuré. C'est le *ton soutenu* qui fait la loi de l'adagio : ici, les tons musicaux se suffisent à eux-mêmes ; ils vivent de leur vie propre, indépendante, où vient se fondre le rhythme. On peut dire, en un sens, que l'*adagio* ne peut être mené avec trop de lenteur ; ici doit régner une confiance illimitée dans l'irrésistible éloquence de la pure langue des sons ; ici, la *langueur* de la sensation atteint jusqu'au ravissement ; ce que l'*allegro* exprimait par les changements perpétuels de la figuration, se dit à l'aide de la variété indéfinie des inflexions du ton. La moindre variation dans l'harmonie produit un effet de surprise, tandis qu'au

contraire la tension continue de la sensation prépare et fait pressentir les « progrès » les plus
étendus.

Parmi nos chefs d'orchestre, il n'en est pas un
seul qui se hasarde à accorder à l'*adagio*, à un
degré suffisant, ce caractère, qui est pourtant le
sien propre. A peine est-il entamé, qu'ils sont à
l'affût de quelque figuration égarée, sur le mouvement présumé de laquelle ils ont hâte de régler
leur mesure. Peut-être suis-je le seul chef d'orchestre
qui ait pris sur lui de conserver à l'*adagio* de la
troisième partie de la *neuvième symphonie* son
caractère véritable, en ce qui concerne le rhythme.
L'*andante* 3/4 qui alterne avec l'*adagio* en fait
ressortir, par le contraste, l'aspect particulier, ce
qui n'empêche nullement nos chefs d'orchestre de
fondre si bien l'un dans l'autre ces deux caractères,
qu'il ne reste plus de distinctif que la différence
rhythmique entre les mesures 4/4 et 3/4. Le passage en question, à coup sûr tout particulièrement
intéressant, au point de vue qui nous occupe, offre
dans ses dernières phrases, auxquelles la mesure 12/8
donne une riche figuration, l'exemple le plus frap-

pant de la transformation du caractère pur de l'*a-
dagio* à l'aide du rhythme mieux accusé et plus
mouvementé de l'accompagnement, qui arrive par
degrés à affirmer son indépendance, sans que pour
cela la cantilène perde son ampleur caractéristique.

Nous avons à reconnaître ici l'image, maintenant
arrêtée dans ses contours, de cet *adagio* qui, auparavant, tendait à un développement indéfini. Et, si
d'abord, c'était une liberté illimitée dans la recherche de l'expression tonique qui fournissait le
type, d'ailleurs indécis du mouvement, c'est maintenant la rhythmique précisée de l'accompagnement
plus richement figuré qui conduit à la loi nouvelle
d'un mouvement désormais fixé et bien déterminé,
destiné à nous fournir, en atteignant le dernier
terme de son développement, la mesure de l'*allegro*.

Si le *ton soutenu* est la base de toute exécution musicale, l'*adagio* est celle de toute détermination du rhythme. L'*allegro* peut, à un point de
vue un peu abstrait, être considéré comme le terme
extrême de la série obtenue en modifiant, à l'aide

d'une figuration de plus en plus mouvementée, le caractère du pur *adagio*. Jusque dans l'*allegro*, si on se donne la peine d'en étudier de près les motifs caractéristiques, on voit toujours dominer le chant emprunté à l'*adagio*. Les plus remarquables *allegri* de Beethoven sont presque tous dominés par une mélodie fondamentale, qui, à un point de vue élevé, tient du caractère de l'*adagio*, et c'est ainsi qu'ils conservent cette expression sentimentale qui établit une différence tranchée entre les *allegri* en question et l'ancien *allegro*, dont le caractère essentiel est la naïveté. Dans l'*allegro* de Mozart, au contraire, le pur mouvement rhythmique se livre, pour ainsi dire, à ses saturnales ; aussi ces *allegri* ne peuvent-ils être enlevés avec trop de vivacité.

Si j'ai parlé aussi longuement de cette *modification de la mesure*, non-seulement tout à fait inconnue à nos chefs d'orchestre, mais encore, en raison de cette ignorance, vouée à leurs anathèmes entêtés et stupides, le lecteur qui m'a suivi consciencieusement jusqu'ici comprend qu'il s'agit d'un principe vital de notre musique tout entière.

Dans le cours des explications qui précèdent, j'ai signalé l'existence de deux genres d'*allegri*, l'un, le nouveau, le pur *allegro* de Beethoven auquel j'ai attribué le caractère *sentimental* ; l'autre, l'ancien, l'*allegro* de Mozart, caractérisé, suivant moi, par la *naïveté*. J'avais, en faisant cette distinction, présente à l'esprit, dans ses lignes principales, la belle théorie de Schiller, telle qu'elle est développée dans son célèbre *Essai sur la poésie sentimentale et la poésie naïve.*

Pour ne pas m'écarter de mon sujet, je ne m'étendrai pas davantage sur la question d'esthétique que je viens de soulever ; je me contenterai de faire remarquer que ce sont les rapides *alla breve* de Mozart qui offrent les types les mieux accusés de l'*allegro* que j'appelle l'*allegro* naïf. Les plus parfaits en ce genre sont les *allegri* de ses ouvertures d'opéras, et surtout des ouvertures du *Figaro* et du *Don Juan.* On sait, à l'égard de ces derniers, qu'ils ne pouvaient jamais être joués assez vite au gré de Mozart. Après avoir, dans le *presto* final de l'Ouverture du *Figaro,* surmené les musiciens au point de les amener à l'état de fureur désespérée qui, à leur grande surprise, eut pour résultat le succès de l'exécution, le maître leur cria en guise d'encouragement : « Comme cela, c'est bien ! mais, ce soir, encore un peu plus vite ! » parfaitement juste !

L'*adagio* pur, comme je l'ai dit, ne peut, rigoureusement parlant, être joué avec trop de lenteur ; de même, l'*allegro* proprement dit, l'*allegro* pur et sans mélange ne peut être enlevé trop vivement. Ici, les limites du développement tonique, là, celles du mouvement figuré, sont également idéales.

Un signe de plus que c'est bien du genre naïf que relève cet *allegro absolu* de Mozart, c'est, au point de vue de la dynamique, les brusques alternatives de *forte* et de *piano*, et, au point de vue de la forme et de la structure, la succession, sans ordre ni choix, de formes rhythmo-mélodiques parfaitement tranchées, appropriées, les unes à l'exécution *piano*, les autres à l'exécution *forte*, dans la mise en œuvre desquelles le maître déploie un sans-gêne plus que surprenant.

Tout cela pourtant s'explique, de même que l'insouciance avec laquelle sont employées des formes de phrases parfaitement banales; il faut en chercher la raison dans le caractère même de cet *allegro*, dont l'objet n'est nullement de nous captiver par la cantilène, mais bien plutôt de nous jeter dans une sorte d'ivresse par la précipitation du mouvement.

Sans entrer dans de plus amples détails, je me borne à insister sur ce seul point : il y a un abîme entre le caractère de l'ancien *allegro*, de l'*allegro* classique ou naïf, et le caractère du nouvel *allegro*, de l'*allegro* sentimental, de l'*allegro* de Beethoven proprement dit.

Quel est le rapport au point de vue de l'exécution, du second au premier? Que peut-il advenir (en choisissant, pour mettre en lumière, l'innovation surprenante de Beethoven, la tentative la plus hardie qu'il ait faite en ce genre) du premier passage de sa *Symphonie héroïque*, s'il est exécuté avec le même rhythme qu'un *allegro* d'ouverture de Mozart ? Y a-t-il, je le demande, un seul de nos chefs d'orchestre qui se soit jamais avisé de l'exécuter autrement, c'est-à-dire autrement que tout d'un trait, tout d'une haleine, de la première mesure à la dernière? S'il en est un qui, en cette occurence, se soit préoccupé de la mesure, on peut être bien certain, pour peu qu'il s'agisse d'un de nos élégants maîtres de chapelle ce n'a été que pour se conformer à la maxime de Mendelssohn : « *Chi va presto va sano.* » — Une fois sur le terrain classique, on va tout d'une traite, « grande vitesse ; » méthode facile et lucrative ; en anglais : « *times is music.* »

Les exemples que j'ai choisis vont maintenant me servir à étudier de plus près les conditions d'une bonne exécution de notre musique classique, dussé-je courir le risque d'avoir à dire, en passant, quelques vérités inévitables à messieurs nos musiciens et maîtres de chapelle, si dévoués à la conservation du caractère classique de notre musique, et tenus en si haute estime en raison de ce dévouement.

III

Les indications qui précèdent sont, nous l'espérons, de nature à jeter quelque lumière sur le problème de la modification de la mesure dans les œuvres musicales de la nouvelle école, de la véritable école allemande, et à éclaircir les difficultés que présente cette modification, difficultés qu'il n'appartient guère qu'aux initiés et aux esprits pénétrants de résoudre, et même d'apercevoir (1).

Dans ce que j'appelle le genre *sentimental* de la nouvelle musique, genre élevé par Beethoven à la hauteur d'un type esthétique dont le temps n'altérera pas la valeur, s'entremêlent toutes les formes distinctes du type musical qui régnait avant lui, formes essentiellement *naïves*, elles s'y fondent en une matière première toujours sous la main

---

(1) Ces indications, très-bonnes pour la musique classique, éclairent fort peu, sur ce que M. Wagner entend par la modification de la mesure dans les œuvres de la nouvelle école.   *(Note du Traducteur.)*

du maître créateur, toujours prête à offrir à ses inspirations le choix le plus riche et le plus varié.
Dans une phrase symphonique construite d'après
cette méthode, la nouvelle matière musicale, si
complexe et susceptible de tant de combinaisons, ne
doit être mise en mouvement que de la façon qui
lui convient, si l'on ne veut pas que l'ensemble
soit, dans le vrai et profond sens du mot, une
monstruosité.

Je me souviens encore d'avoir entendu, dans ma
jeunesse, les jugements portés par certains de nos
vieux musiciens sur la *Symphonie héroïque.*
Denis Weber, à Prague, l'appelait tout crûment
une chose sans nom. C'est bien simple : cet homme
ne connaissait que l'*allegro* de Mozart, que j'ai
caractérisé plus haut; c'était exactement avec la
mesure de cet *allegro* qu'il faisait jouer la *Sym-*
phonie héroïque aux jeunes gens de son conservatoire; et il suffisait d'entendre une pareille exécution pour donner pleinement raison à Denis
Weber. Or, nulle part ailleurs on ne la jouait
autrement, et si bien qu'on ne la joue pas autrement aujourd'hui encore. Elle est, presque partout,

accueillie par des applaudissements enthousiastes ; cela vient surtout de ce que, depuis plusieurs dizaines d'années, cette musique est de plus en plus étudiée, en dehors des exécutions orchestrales, et notamment au piano, et que, par divers chemins détournés, elle arrive à faire prévaloir son irrésistible puissance, ainsi que la manière, également irrésistible dont cette puissance se manifeste. Si cette planche de salut ne lui avait été jetée par le destin, et s'il ne tenait qu'à ces messieurs nos maîtres de chapelle, c'en serait fait de notre plus noble musique.

. . . .
. . . .

Pour en finir avec l'exécution de l'ouverture du *Freischütz* par l'orchestre viennois (1), les musiciens furent grandement surpris lorsque, après

---

(1) Il y a là de nombreux détails techniques que je suis forcé d'omettre ici, car il faudrait, à l'exemple du texte de M. Wagner, les appuyer par des citations de la partition.

(Note du traducteur.)

l'éclatant *tremolo* en *ut* et les grandes pauses générales destinées à le faire énergiquement ressortir,
'abandonnai, au début du second thème, devenu
un chant de triomphe, la nuance fiévreusement
mouvementée du premier thème de l'*allegro,* pour
calmer et ralentir la mesure.

C'est, en effet, l'un des procédés sacramentels de
nos exécutions orchestrales, que de surmener le
thème final ; souvent, il ne manque plus, pour que
l'on puisse se croire au Cirque, que le claquement
des grands fouets traditionnels.

La précipitation croissante du finale des ouvertures est, le plus souvent, voulue par le compositeur, et elle se manifeste d'elle-même, lorsque le
thème mouvementé de l'*allegro* maintient impérieusement sa prépondérance, et célèbre finalement
sa propre apothéose ; l'ouverture de la *Léonore* de
Beethoven nous en offre un exemple.

Ce procédé a l'inconvénient de rendre impossible tout accroissement ultérieur de rapidité, à
moins toutefois que les joueurs d'instruments à
cordes n'exécutent un véritable tour de force, ce

que j'ai observé une fois à l'orchestre de Vienne, et, je l'avouerai, avec plus de surprise que de plaisir ; car la nécessité de cette excentrique vitesse ne provenait que d'un défaut dans l'exécution : la mesure avait été précipitée à outrance, ce qui conduisait à une exagération à laquelle aucune véritable œuvre d'art ne doit, dans aucun cas, être soumise, quand bien même il s'agirait, à un certain point de vue peu élevé, de représenter cette exagération.

Comment se fait-il que l'on surmène ainsi le finale de l'ouverture de *Freischütz?* Si l'on ne croit pas devoir refuser aux Allemands tout sentiment musical, ce phénomène paraît tout à fait inconcevable ; on se l'explique cependant lorsqu'on observe que cette seconde cantilène, ce chant d'allégresse, doit sembler de bonne prise à l'*allegro* principal qui, dès qu'elle apparaît, s'en empare et l'entraîne dans sa course. On croit voir une jeune et alerte prisonnière de guerre qu'un reître vient d'attacher à la queue de son coursier ; il est vrai que, comme dans la ballade, elle prend bientôt place sur la croupe du cheval, sans doute après que

le farouche cavalier s'est laissé choir : épisode bur-
lesque que le chef d'orchestre traduit à sa façon et
réalise en sa personne.

Quand on a subi pendant des années l'impression
désagréable, et tout à fait indescriptible produite
par ce procédé, dont l'effet est de donner un caractère trivial à un motif tout pénétré de l'élan
fervent de reconnaissance et d'amour parti du cœur
d'une jeune fille, et qu'après cela on trouve fort
bien, que l'on parle, en termes pompeux, d'exécutions orchestrales, pleines, comme toujours, de sève
et de vie, en annexant à ces élucubrations ses
propres idées sur l'art musical, comme le fait
notre contemporain, M. Lobe, le lyrique vieillard,
quoi d'étonnant à ce que l'on s'élève ensuite contre
« les absurdités d'un idéalisme mal compris, » et
qu'on oppose « à des doctrines et à des maximes
insensées les vérités éternelles de l'art ? »

Comme je l'ai dit plus haut, il a été donné
à un certain nombre d'amateurs viennois, sur
lesquels, naturellement, j'ai eu d'abord à exercer
quelque pression, d'entendre jouer d'une certaine
façon cette pauvre ouverture, partout si cruel-

lement écorchée. Le souvenir de cette innovation
est encore vivant. On déclara n'avoir auparavant
jamais apprécié cette ouverture; on me demanda
comment je m'y étais pris. Plus d'un ne pouvait
comprendre par quel artifice, impossible à deviner,
j'avais imprimé au finale ce caractère ravissant.
C'est à peine si l'on ajoutait foi à mes paroles,
quand je disais que c'était essentiellement le ralentissement de la mesure qui m'avait conduit à
ce résultat. Quant à messieurs les musiciens de
l'orchestre, ils croyaient entrevoir quelque chose de
plus... un véritable mystère.

Des innovations de ce genre, et le succès qui
les accompagne, voilà ce que ne sauraient voir
avec infiniment de plaisir messieurs nos maîtres
de chapelle. M. Dessof, qui plus tard eut à diriger au théâtre impérial de l'Opéra de Vienne,
l'exécution du *Freischütz*, il ne crut pas devoir
faire déroger l'orchestre à la nouvelle tradition
qui lui venait de moi; il lui fit part de cette
détermination et lui dit avec un sourire: «Donc,
cette ouverture, nous allons l'exécuter à la Wagner.»

Oui, oui, « à la Wagner! » Il n'y aurait, je

crois, pas de mal, à ce que l'on exécutât encore quelque autre petite chose « à la Wagner. »

En tout cas, c'était là, de la part du maître de chapelle viennois, une concession *absolue*, tandis que, dans une circonstance analogue, mon collègue Reissiger (qui aujourd'hui n'est plus) ne crut devoir me faire qu'une demi concession. Ayant eu à diriger, à Dresde, l'exécution de la symphonie en *la majeur* de Beethoven, je tombai, au finale de cette symphonie, sur un *piano* que Reissiger avait introduit dans la partition, de son autorité privée. Naturellement, je supprimai ce *piano*, et je rétablis le *forte* dans toute son énergie originelle. Mais c'était là déroger aux « lois éternelles du vrai et du beau », ces fameuses lois qu'invoquent MM. Lobe et Bernsdorf, et qui étaient déjà en vigueur au temps de Reissiger. Donc, lorsqu'après mon départ de Vienne, cette symphonie en *la majeur* vint à être exécutée de nouveau sous la direction de Reissiger, celui-ci, après mûres réflexions, recommanda à l'orchestre de jouer *mezzo forte*.

Mais voici quelque chose que j'avais tenu long-temps pour impossible.

J'assistais un jour, à Munich, à l'exécution de la symphonie en *sol majeur*, de Mozart, par l'orchestre de l'Odéon. Qui n'a dans sa jeunesse, cherché à se familiariser avec l'*andante* de cette symphonie, si exubérant d'élan et de hardiesse, et à se pénétrer, avec une inexprimable volupté, du rhythme qui lui est propre? Mais quel rhythme? Là est la question. Si la notation n'est pas suffisamment explicite, il faut que le sentiment éveillé par la merveilleuse allure de cette composition, y supplée, et l'imagination nous révèle alors ce qui, dans l'exécution réelle, doit correspondre à ce sentiment. Or, il semble que le maître ait voulu nous laisser à cet égard toute latitude, car ses indications sont des plus sommaires. Dans l'exécution stricte et absolument classique de ce morceau à l'Odéon de Munich, toutes les brillantés fantaisies dont il est enrichi ne pouvaient que s'éclipser : l'exécution se poursuivait avec un sérieux qui donnait la chair de poule comme si c'eût été la veille du jugement dernier. Un *largo* d'airain s'appesantissait notamment sur l'*andante*, pourtant si léger et si alerte; de la valeur de chaque croche il ne subsistait pas la centième partie; hérissée comme une perruque en fils métalliques du temps de la guerre de Sept-Ans, planait au-dessus de nos têtes la mesure de cet *andante*.

Je rêvais à la garde royale prussienne de 1740, aux enrôlements forcés, aux moyens de m'y soustraire. Quelle ne fut pas ma terreur, lorsque le chef d'orchestre, retournant la page, fit recommencer l'excéution de cet *andante larghetto :* il y avait, devant une certaine note, deux petits points, et il ne voulait pas que ces deux petits points eussent été piqués en vain dans la partition. Eperdu, je jetai les yeux autour de moi pour chercher du secours, et c'est alors que se manifesta l'autre phénomène merveilleux. Tout l'auditoire écoutait avec patience et ressentait la profonde et inébranlable conviction d'avoir savouré une pure et sublime jouissance, d'avoir pris part à ce que Mozart appelait « un festin musical » ; tout espoir s'était évanoui et je courbai la tête . . . .

. . . .

Il me reste à chercher comment il convient d'apprécier, au point de vue de la sérénité grecque, la rapidité superficielle si chaleureusement recommandée par Mendelssohn. Les disciples et les imitateurs de ce dernier peuvent nous fournir à cet égard des indications précieuses. Pour Mendelssohn, cela signifiait : dissimuler les côtés faibles de l'exécution et peut-être aussi, suivant les cas, les côtés faibles de celui qui la dirige. Pour ses disciples, cela veut dire : *tout dissimuler*, ne pas attirer l'attention. Cette tendance a une raison d'être presque physiologique dont je me suis rendu compte par analogie dans des circonstances où cependant il ne semblait pas devoir en être question.

Lors de la représentation de mon *Tannhauser* à Paris, j'avais *remanié* la première scène qui se passe au *Venusberg* et précisé ce que je n'avais fait d'abord qu'indiquer sommairement. Je fis remarquer au maître de ballet que les petits « pas » lamentablement frétillants de ses Ménades et de ses Bacchantes faisaient avec ma musique un contraste grotesque ; je lui suggérai d'inventer, en s'inspirant des groupes de Bacchantes que l'on trouve çà et là dans les bas-reliefs antiques, quelque chose qui fît disparaître le contraste, quelque chose d'audacieux et d'une sublimité sauvage, et de le faire exécuter par son corps de ballet. Le personnage en question sifflotait eu m'écoutant; il me répondit : « Ah ! je vous comprends parfaitement bien, mais pour cela il me faudrait tout ce qu'il y a de mieux en premiers sujets ; si je disais le premier mot de tout cela à mon monde, si je voulais lui indiquer les attitudes que vous avez en vue, ce ne serait plus qu'un *cancan*, et nous serions perdus.

Eh bien ! ce scrupule qui décidait le maître de ballet parisien à s'en tenir au pas — le plus insignifiant du monde — de ses Ménades et de ses Bacchantes, est précisément celui qui empêche nos modernes directeurs d'exécutions musicales de se départir, pour si peu que ce soit, de leur genre « comme il faut ! » Ils savent que cela pourrait mener jusqu'au scandale, jusqu'à Offenbach. Meyerbeer est pour eux un enseignement, Meyerbeer, qui avait contracté à l'Opéra de Paris certaines accentuations sémitiques, objet d'effroi pour les gens « bien élevés. »

L'esprit de ce genre « comme il faut » consiste essentiellement, comme on le voit, à veiller sur ses manifestations personnelles avec le soin que doit y apporter quiconque a été doté par la nature d'une

infirmité comme celle du bégayement, du grassaye-
ment ou toute autre de cette espèce. Il aut, en ce cas,
éviter avec soin tout élan de passion, pour ne pas
courir le risque de se laisser choir dans le bredoui.-
 ement le plus pénible.

Avouons-le, cette surveillance continuelle exercée
par l'individu sur sa propre personnalité a eu de
fort agréables résultats, en ce sens que toutes sortes
de choses répugnantes ont cessé de s'étaler au grand
jour, que l'allure générale de la foule humaine est
devenue moins bizarre, que notre élément de prédilection, la musique, où naguère, à certains égards,
on pouvait observer quelque peu de raideur et de
gêne dans le développement, s'est acquis des dehors
plus attrayants : par exemple, comme je l'ai indiqué plus haut, la rudesse native de nos musiciens
s'est adoucie, le soin du détail dans l'exécution, et
autres choses semblables, sont venus un peu plus à
l'ordre du jour. Mais faut-il aller jusqu'à déduire de
cette pression exercée sur l'individu pour l'obliger
à dissimuler ou à éteindre certaines qualités personnelles d'une valeur suspecte, un principe destiné
à régir les manifestations de notre art lui-même?

L'Allemand est gauche et roide quand il se manière; mais il est sublime et nul ne l'égale, quand la passion l'anime. Faut-il donc mentir à ce naturel pour l'amour de ces messieurs?

Au fond, voici la situation : Toutes les fois que j'ai eu maille à partir avec quelque jeune musicien ayant subi l'influence de Mendelssohn, il n'a jamais su que m'opposer invariablement la maxime émise par le maître : en composant, ne songer ni à l'énergie, ni à l'effet ; éviter avec soin tout ce qui pourrait y ressembler, ou y conduire. C'est parfait et excellent, et en réalité, il n'est jamais arrivé à aucun des disciples restés fidèles au maître, de se rendre coupable d'énergie ou d'effet. Mais il me semble que c'est là une maxime purement négative; quant à la partie positive de l'enseignement, elle ne m'a pas semblé remarquablement développée. Je suis fondé à croire que l'enseignement tout entier du Conservatoire de Leipzig se base sur cette maxime négative; il m'est revenu que, dans cet établissement, elle devient pour les jeunes gens l'origine d'un véritable tourment ; en revanche, les dispositions musicales les mieux accusées sont mal accueil-

lies chez eux, pour peu qu'ils montrent de la répugnance à voir dans la musique autre chose que l'art
de psalmodier.

Enfin, et ceci se rattache plus directement à
notre sujet, les effets de cette maxime négative
se sont fait sentir jusque dans l'exécution de nos
œuvres classiques. Le sentiment qui y prédomine,
c'est la crainte de pécher par trop d'énergie. Je suis
fondé à croire notamment que les compositions de
Beethoven pour piano, où s'accuse de la manière la
plus caractéristique le style original du maître,
ne sont ni sérieusement étudiées, ni réellement exécutées par les adeptes de l'école en question. Longtemps j'ai nourri le désir de trouver quelqu'un qui
pût me faire entendre la grande sonate en *mi bémol*;
ce désir a été satisfait, mais dans un camp tout autre
que celui où la maxime de Mendelssohn sert de base
à la discipline classique. C'est aussi l'illustre Franz
Liszt qui a contenté mon envie d'entendre jouer du
Bach. Bach, il est vrai, est étudié avec prédilection dans l'école dont nous parlons ; ici, où il ne
pouvait être question de l'effet dans le sens moderne,
ni de la drastique (*sic*) de Beethoven, ce bienheu-

reux mode uniforme et superficiel d'exécution semble ètre dans son élément. Mais je pus alors apprécier toute la distance qui sépare l'étude de la révélation.

Il ne fallut à Liszt qu'une seule fugue de Bach
pour m'initier à cette révélation, et je sais maintenant ce que c'est que Bach ; je le mesure dans
toutes les directions et suis maintenant en mesure
de m'éclairer quand il me survient un doute ou
que j'entends une fausse interprétation. En revanche, je sais qu'ils ne savent pas le premier mot de
ce Bach qu'ils revendiquent comme leur propriété ;
et, si vous en doutez, je vous dirai simplement :
Faites-vous jouer du Bach par ces messieurs.

IV

Nous les avons suivis à la salle des concerts,
leur point de départ. Que sont-ils dans l'opéra?
Telle est la question qui se pose d'elle-même dans
cette étude sur la direction des orchestres.

M. Edouard Devrient, dans les *Souvenirs* qu'il
consacrait il y a quelque temps à la mémoire de

son ami Mendelssohn, parle du « besoin » qu'é-
prouvait le maître de produire un opéra vraiment
« allemand. » Or, il y a certains résultats que l'on
peut atteindre à l'aide de conventions ; mais ce
« caractère allemand » et cette « noble sérénité »,
que méditait la perfide intelligence de Mendelssohn,
voilà ce qui échappe à la facture ; il n'y a ni *anciens* ni *nouveaux Testaments* qui en donnent la
recette.

Où le maître n'a pas réussi, apôtres et disciples
ont échoué. M. Hiller, qui ne s'étonne de rien,
crut avoir emporté la palme ; il ne s'agissait, lui
semblait-il, que de « saisir l'occasion aux che-
veux » ; pareille occurence se présentait tous les
jours, sous ses propres yeux, en la personne de ses
concurrents, et il pensait qu'avec un peu de patience, comme il en faut aux jeux de hasard, il
arriverait, lui aussi, un beau jour, à tenir enfin la
corde. Hélas ! jamais la susdite occasion favorable
ne s'est présentée. Personne n'a su la saisir, pas
même le pauvre Schumann. C'est en vain que dans
l'église de la modération, tant de sectaires de haut
et bas étage ont tendu désespérément leurs mains
vers ce but si désiré — le véritable opéra à succès.

Après une bien courte illusion, de laquelle, cependant, la peine et l'effort étaient loin d'être bannis, le but si ardemment poursuivi a toujours été manqué.

Comment serait-il possible qu'après de pareils résultats l'adepte le plus « inoffensif » de la musique « inoffensive » ne se sente pas aigri ? Remarquons que, d'autre part, l'organisation du personnel musical, en Allemagne, veut que les maîtres de chapelle et directeurs d'exécutions musicales aient avec le théâtre une connexion telle, qu'ils soient obligés de jouer le rôle d'interprètes sur les lieux mêmes témoins de leur impuissance à produire. Or, est-ce cette impuissance du musicien qui le rend apte à bien diriger l'exécution d'un opéra, qui fait de lui un bon chef d'orchestre ? Evidemment non. Et pourtant ce sont ces messieurs reconnus incapables de diriger l'exécution de notre musique allemande de concert, qui sont chargés de l'exécution de notre musique d'opéra, bien autrement compliquée. Il est aisé à l'homme intelligent de prévoir le résultat d'un tel état de choses.

J'ai suivi ces messieurs sur leur propre terrain, et là, je me suis attaché à mettre en évidence ce qui leur manque; il s'agit maintenant de la musique d'opéra telle qu'elle est interprétée par eux, et ici, je puis être bref. Tout ce que j'ai à en dire peut se résumer en cette simple invocation : « Mon Dieu ! pardonnez-leur , car ils ne savent ce qu'ils font! » Il me faudrait, pour faire ressortir ce qu'il y a d'outrageant pour l'opéra, dans leurs allures, recourir, cette fois, à l'exposé direct de ce qu'on peut, dans ce domaine, produire de beau et de bon, et cela m'écarterait trop du but que je me suis proposé; je réserve cet exposé pour une autre occasion. Bornons-nous à rechercher ce qu'il y a de plus caractéristique dans leurs habitudes comme chefs d'orchestre d'opéra.

Lorsqu'il s'agit de cette musique de concert qui est leur base d'opérations, ces messieurs — chose bien naturelle — cherchent à procéder avec tout le sérieux dont ils sont susceptibles. Ici, à l'Opéra, il leur semble plus convenable d'affecter une certaine insouciance sceptique, je ne sais quelle frivolité spirituelle. Ils avouent avec un sourire que là ils ne sont pas précisément sur leur terrain, et qu'ils ne comprennent pas grand chose à ces matières dont au reste ils font peu de cas. De là une condescendance toute galante à l'égard des chanteurs et des cantatrices, aux exigences desquels ils se prêtent avec la meilleure grâce du monde. Rien ne leur coûte, ni ralentissement, ni accélération de la mesure ; ils battent la mesure, indiquent des points d'orgue, des transpositions, et surtout des « coups d'archet » quand et comment il plaît aux susdits chanteurs et cantatrices.

Et vraiment, de quoi s'autoriseraient-ils pour établir la nocuité de n'importe quelle prétention de ce genre? S'il arrive par hasard, à un chef d'orchestre légèrement enclin au pédantisme de vouloir insister sur ceci ou sur cela, il est dans son tort. Et, en effet, étant donnée la signification frivole que ces messieurs attribuent à l'opéra, les artistes dont nous parlons sont, là, parfaitement chez eux ; eux seuls savent ce qu'il leur faut. Si dans un opéra il se manifeste quelque chose de vraiment remarquable, c'est aux chanteurs, et au précieux instinct dont ils sont doués, que l'on doit en attribuer le mérite, de même que pour la partie orchestrale, c'est au sens musical des exécutants qu'il est bon d'en savoir gré.

Par contre, il suffit d'étudier d'un peu près une partition comme celle de la *Norma*, par exemple, pour voir ce qui peut advenir d'une musique aussi « inoffensive » dans la pensée de celui qui l'a écrite : rien que la série des transpositions, cet *adagio* en *fa dièze majeur*, cet *allegro* en *fa majeur*, et, entre les deux (à cause de la musique militaire), une transition en *ré dièze majeur,* offre un spécimen vraiment terrifiant de la musique dont le chef d'orchestre estimé bat la mesure avec une assurance imperturbable.

C'est à Turin, en Italie par conséquent, et dans un théâtre de faubourg, qu'il m'a été donné d'entendre, pour la première fois, jouer correctement et entièrement le *Barbier de Séville*. Nos maîtres de chapelle ne se donnent pas la peine de rendre justice à cette *innocente partition* (1), parce qu'ils n'ont pas même le pressentiment de cette vérité :

---

(1) Lorsque M. Wagner veut plaisanter, il ne recule devant aucune sottise.　(*Note du traducteur.*)

que opéra le plus insignifiant peut, grâce à une exécution parfaitement correcte, et en raison de la satisfaction que nous procure cette correction même, produire sur un sens musical délicat une impression relativement favorable. N'importe quelle platitude musicale exécutée sur les plus petits théâtres de Paris, produit un bon effet, même au point de vue esthétique, parce que ce n'est jamais joué que correctement et avec précision. La jouissance du principe esthétique est, là, si grande que, lorsque cette platitude est mise convenablement en œuvre, sous un seul de ses aspects, elle impressionne favorablement ; c'est bien de l'art qui se fait alors ; un art, il est vrai, entrevu sous une de ses formes les moins relevées.

Ces manifestations inférieures de l'art nous sont inconnues en Allemagne, sauf, peut-être, à Vienne ou à Berlin, à l'occasion de quelque représentation chorégraphique. Ici, en effet, une seule main tient tous les fils ; et c'est la main de quelqu'un qui connaît parfaitement son affaire : le maître de ballet. C'est lui, par bonheur, qui indique à l'orchestre les mouvements, et ce n'est plus, comme le

chanteur isolé, de sa fantaisie personnelle qu'il
s'inspire, mais bien du sentiment de l'ensemble;
alors nous nous apercevons que, soudain, l'orchestre se met à jouer correctement; l'impression produite par ce phénomène ne peut être que très-agréa-
ble lorsque, après l'exécution pénible d'un opéra,
on passe à celle de tel ou tel ballet.

Dans l'opéra, le régisseur, lui aussi, serait en
mesure d'obtenir, à certains égards, un résultat de
ce genre; mais, chose étrange, en dépit de l'incapacité plus ou moins notoire du directeur musical,
la fiction se soutient sans que l'on s'occupe d'elle
directement, et comme si l'opéra était une œuvre
purement musicale. Si, grâce à l'instinct merveilleux de quelque chanteur de talent, et d'un personnel de musiciens et d'artistes électrisés par le sentiment de l'œuvre, il se produit un succès réel, on
en attribue tous les jours le mérite au chef d'orchestre. On le considère comme résumant en sa
personne l'ensemble de l'exécution; c'est pour lui
comme une action d'éclat. En pareille occurrence,
et au milieu des félicitations dont il est accablé, ne
doit-il pas être pour lui-même un objet d'étonne-

ment profond ? Lui aussi pourrait s'écrier :
« Mon Dieu, pardonnez-leur, car ils ne savent
pas ce qu'ils font.

V

Ayant seulement en vue la direction des orchestres, et ne voulant pas entrer plus avant dans la
question de l'opéra, il me reste à déclarer que ce
chapitre est le dernier. Il n'y a pas lieu de prendre
au sérieux la manière dont nos maîtres de chapelle
s'acquittent, à l'Opéra, de leurs fonctions de chefs
d'orchestre. Elle n'intéresse que les chanteurs, qui
peuvent avoir à se plaindre de tel ou tel chef d'orchestre, soit parce qu'il ne se prête pas à leurs exigences avec assez de complaisance, soit parce qu'il ne
les seconde pas avec assez de zéle ; bref, il ne peut s'é-
lever de discussion à cet égard que sur le terrain de
la pratique la plus vulgaire. Mais il n'y a pas à s'en
occuper à un point de vue plus élevé, à celui de l'art
proprement dit. S'il y a un mot à dire sur cette
question, moi seul jusqu'à présent, dans toute
l'Allemagne, suis en mesure de dire ce mot ; c'est
pourquoi je me permettrai, en manière de conclu-

sion, d'exposer un peu plus en détail les motifs du jugement que je porte (1).

Voyons quelles sont les qualités, parmi celles que j'ai signalées chez nos chefs d'orchestre, avec lesquels j'ai personnellement maille à partir, à l'occasion de la représentation de mes opéras. J'ai beau consulter mes souvenirs et mon expérience, je ne puis parvenir à me mettre, sur ce point, d'accord avec moi-même. Est-ce leur manière de comprendre notre grande musique de concert? Ou bien ne serait-ce pas plutôt l'esprit de leur exécution habituelle des œuvres théâtrales? Je crois — et ce n'est pas ce qu'il y a pour moi de plus consolant — que ces deux tendances se donnent la main dans l'interprétation de mes opéras, et se complètent l'une l'autre d'une façon fort peu satisfaisante. Lorsque la première — celle qui préside à l'exécution de notre musique classique de concert —

____

(1) Ce *moi seul* montre toute la modestie de M. Wagner. Tout-à-l'heure, il va se poser en martyr des chefs d'orchestres!!! C'est sans doute, alors, comme public qu'il parle.

(Note du traducteur.)

trouve l'occasion de se donner libre carrière, par exemple dans les ouvertures de mes opéras, j'ai à subir les tristes conséquences de la méthode que j'ai décrite et appréciée plus haut.

Je ne parle ici que de la mesure. Tantôt on la précipite à outrance et malencontreusement (je cite, sous ce rapport, comme un objet d'horreur, l'ouverture de mon *Tannhauser*, telle qu'elle fut un jour exécutée à Leipzig, dans un concert, sous la direction de Mendelssohn lui-même); tantôt on la laisse s'égarer en chemin (comme cela se pratique à Berlin, et presque partout ailleurs, pour mon prélude de *Lohengrin*); tantôt on parvient à obtenir simultanément ces deux résultats (c'est le sort qu'a éprouvé récemment, à Dresde et autres lieux, mon ouverture des *Maîtres chanteurs*). Mais nulle part on n'observe les nuances inséparables d'une exécution intelligente, et sur lesquelles je suis tout aussi bien en droit de compter que sur la reproduction fidèle des notes elles-mêmes.

Qu'un de nos chefs d'orchestre veuille faire toucher du doigt, soit à son public, soit à monsieur son directeur, la destinée malheureuse de mes *Maîtres chanteurs*; il n'a qu'à battre la mesure de l'Ouverture comme il est habitué d'en user avec Beethoven, Bach et Mozart, et de la manière qui est la mieux appropriée aux compositions de R. Schumann; chacun alors est obligé de convenir que ma musique est la plus détestable qui soit au monde. Que l'on se figure un être aussi vivant et en même temps aussi sensible, aussi délicatement complexe que l'est la mesure de cette Ouverture, telle que je l'indique moi-même; qu'on se le figure jeté brutalement sur le lit de Procuste de tel ou tel classique batteur de mesure, et on comprendra aisément ce qui doit s'en suivre. Ils lui disent : « Couche-toi là-dessus; tout ce qui dépasse, je le rogne; tout ce qui est trop court, je l'étire; en avant la musique! » Et ils se mettent à faire le plus de vacarme possible, pour que l'on n'entende pas les cris désespérés du martyr !

« Le « coup d'archet, » voilà l'*ultima ratio* de messieurs nos maîtres de chapelle; c'est grâce à cette suprême ressource qu'ils établissent un si parfait équilibre entre leur incapacité et la solution, à eux, inaccessible, des problèmes artistiques qui leur sont soumis. Ils se disent : « Peu m'importe ce que je ne comprends pas; » et le public finit par dire comme eux.

Il me reste à préciser ce que je dois penser, en gros, de l'exécution, dans ces conditions, de mon œuvre tout entière, comprise entre un alpha et un oméga qui, l'un et l'autre, échappent aux interprètes de cette œuvre. En apparence, tout se passe pour le mieux : un public enthousiaste, le rappel final du chef d'orchestre, le père de la patrie apparaissant en personne au balcon de la loge, et daignant applaudir. Mais ensuite vient, avec une uniformité fatale, le compte rendu des mutilations et des altérations de toute espèce, auquel je n'ai à opposer que le souvenir d'une exécution tout-à-fait complète, et, par suite, parfaitement correcte, obtenue à Munich.

Je ne saurais donner raison aux auteurs de ces mutilations. Il semble impossible de remédier à cette triste situation, car bien peu se rendent compte de l'étendue du mal ; s'il est quelque chose qui soit de nature à m'apporter quelque consolation, c'est que, en dépit de la manière inintelligente dont est exécutée mon œuvre, celle-ci ne laisse pas que de faire sentir l'énergie qui est en elle, — cette fatale énergie qu'au Conservatoire de Leipzig on s'efforce avec tant de persévérance d'éteindre en soi-même, et à laquelle — châtiment — on ne sait comment résister quand elle vient d'ailleurs ! Aussi maintenant, ne puis-je plus prendre sur moi d'assister à la représentation d'une de mes œuvres, lorsque cette représentation est du genre de celle des *Maîtres chanteurs*, exécutés récemment à Leipzig.

En revanche, cet effet qui se perpétue d'une manière si incompréhensible me rassure sur le sort de notre musique classique. Elle aussi, en dépit des agissements pernicieux des musiciens dirigeants, conserve sa chaleur vivifiante. Il y a là quelque chose qu'ils sont impuissants à détruire ; il semble qu'une pareille conviction soit destinée à devenir, pour le génie allemand, une sorte de dogme consolant, où il puisera la foi indépendante et l'élan qui produisent la création originale.

Comment faut-il apprécier, comme *musiciens*

proprement dits, ces merveilleux et illustres chefs d'orchestre? Voilà ce qu'on pourrait encore se demander. A l'aspect de la parfaite union, de l'entente cordiale qui règne cntre eux, on est peut-être tenté de croire, en dépit de la voix du sentiment intime, qu'après tout ils ne sauraient être aussi incapables qu'on veut bien le dire.

Qui sait si leurs agissements, au fond, ne seraient pas de tout point classiques? L'opinion est si bien formée sur le chapitre de leur excellence, qu'en Allemagne, lorsque la nation veut se faire jouer quelque chose (par exemple, dans certaines grandes fêtes publiques) l'élite des classes musicales n'hésite pas un seul instant sur le choix de celui qui, en cette occurrence, doit battre la mesure.

Ce ne peut être que M. Hiller, M. Nietz ou M. Laehner. Il n'y aurait plus moyen de fêter convenablement le centième anniversaire de la naissance de Beethoven, si — ce qu'à Dieu ne plaise, — ces messieurs, venaient, ce jour-là, à se luxer simultanément le poignet. Par malheur, il n'y a pas un seul de ces messieurs — au moins dans l'état-

major de notre armée de batteurs de mesure
auquel je croirais pouvoir confier en toute assurance
le soin de diriger l'exécution d'un seul passage de
mes opéras.

En revanche, il m'est arrivé çà et là, de tomber sur de pauvres diables qui ne manquaient ni d'habileté ni de talent lorsqu'il s'agissait de diriger un orchestre. Ceux-là ne peuvent manquer de compromettre leur avenir, précisément parce qu'ils se rendent compte de l'incapacité de messieurs nos maîtres de chapelle de haute volée, et aussi parce qu'ils ont le tort d'en parler à l'étourdie. Par exemple que, dans un orchestre qui exécute le *Figaro*, sous la conduite d'un général semblable à ceux dont nous parlons, il se trouve un musicien qui découvre les fautes les plus grossières, fautes qui toujours passent inaperçues des chefs, ce sera évidemment pour ce musicien une mauvaise recommandation. Ces pauvres diables si bien doués sont destinés à périr de malemort, comme jadis les hérétiques.

Nous sommes donc conduits à douter que ces messieurs soient, au fond, *de véritables musiciens.*

Manifestement, ils n'ont aucun *sentiment de la musique ;* ils ont de l'*oreille* (au point de vue mathématique, non au point de vue de l'idée); ils ont du coup d'œil, ils lisent couramment et déchiffrent un morceau à première vue (du moins un grand nombre d'entre eux); bref, ce sont véritablement des gens du métier. Quant à leur allure de « gens du monde », on ne peut — après tout — leur en faire un reproche; si, d'ailleurs, on la leur enlevait, que resterait-il? Un homme de talent? Non. Assurément, ce sont des musiciens, de bons musiciens, et, tout ce qui est musique, ils le connaissent et le peuvent pratiquer. Et cependant lorsqu'il s'agit de passer à l'exécution, ils confondent tout, et mettent la charrue avant les bœufs.

L'aptitude extraordinaire de Mozart pour les mathématiques pourrait peut-être nous aider à éclaircir la question. Il semble, chez ce musicien, dont une dissonnance affectait à un si haut degré, la sensibilité nerveuse, et dont le cœur était rempli d'une bonté si exubérante, que les deux extrêmes du génie musical se soient trouvés en contact immédiat. Par contre, la manière naïve dont Beethoven s'y pre-

nait pour faire une addition est restée traditionnelle; il est évident que les conceptions mathématiques ne jouaient aucun rôle dans ses créations
musicales. Si on le compare à Mozart, il apparaît
comme un *monstrum per excessum* dans la direction de la sensibilité; ce qu'il y avait chez lui
d'excessif à cet égard n'était point contre-balancé
par un développement parallèle de cette faculté in-
tellectuelle qui nombre et suppute; s'il a pu vivre,
ce n'est que grâce à sa constitution, robuste jusqu'à
la rudesse.

Il n'y a dans sa musique rien qui se puisse formuler mathématiquement, tandis que, chez Mozart,
le mélange naïf des deux extrêmes produit parfois
des effets d'une régularité presque banale. Or, cette
classe de musiciens que nous avons en vue nous
offre peut-être un développement monstrueux dans
l'autre sens, celui de la musique purement mathématique, développement qui, à l'opposé de ce que
nous avons constaté chez Beethoven, peut se con-
cilier avec une organisation nerveuse tout à fait ordinaire. Si nos chefs d'orchestres, illustres ou non,
étaient destinés, jusqu'à la fin des temps, à naître

sous le signe du Chiffre, il serait bien à désirer qu'une nouvelle école surgît, capable de leur enseigner à battre convenablement la mesure de notre musique en vertu de la règle « de trois » ; mais, que cet enseignement leur soit accessible par la voie du sentiment musical, c'est ce dont il est permis de douter, et c'est pourquoi je me considère comme arrivé au terme de ce travail.

En revanche, il est permis d'espérer qu'une autre école, dont j'ai fait sentir la nécessité, est en voie de création. J'apprends que, sous les auspices de l'Académie royale des arts et des sciences de Berlin, vient de se fonder une « Ecole supérieure de musique » dont la haute direction a été confiée à M. Joachim, le célèbre violoniste. Fonder une pareille école sans son concours eût été une grande faute ; ce qui me fait concevoir, à l'égard de cette école, les plus sérieuses espérances, c'est que, d'après tout ce que l'on m'a dit de ce qui s'y fait sous le rapport de l'exécution musicale, ce virtuose connaît et pratique, dans le sens par moi indiqué, l'exécution de notre grande musique classique.

M. Joachim est — avec Liszt et son école, —

le seul musicien qui puisse apporter une démonstration et un exemple à l'appui des théories que je
viens d'esquisser. On dit que ce rapprochement n'est
pas du goût de M. Joachim; mais peu importe;
pour apprécier ce que nous valons, il faut s'en ré-
férer, non pas à ce que nous avons la prétention
d'être, mais à ce que nous sommes en réalité.
M. Joachim peut juger utile ou non de dire que
c'est à l'école de M. Hiller ou de R. Schumann
que s'est développé son admirable talent d'exécution; cela ne tire pas à conséquence, à condition
toutefois qu'il continue à jouer toujours de même,
c'est-à-dire de façon que l'on ne puisse se méprendre sur les heureux résultats qu'a eus pour lui son
contact prolongé avec Liszt. Ce qui aussi me semble
excellent, c'est que, dès qu'il s'est agi de créer une
« Ecole supérieure de musique », on ait songé tout
de suite à un *exécutant* distingué. Si j'avais aujourd'hui à faire comprendre, dans la mesure du
possible, à un chef d'orchestre de théâtre, la manière dont il doit diriger l'exécution, c'est à
Mme Lucca que je l'adresserais, bien plutôt qu'à
feu le célèbre chanteur Hauptmann, quand bien
même celui-ci serait encore de ce monde.

Je me rencontre avec la partie la plus naïve du public, et même avec le goût de nos aristocratiques amateurs d'opéra, en m'en tenant à celui qui donne quelque chose de lui-même, et duquel il parvient directement quelque chose à notre oreille et à notre sentiment. Toutefois, je serais désagréablement surpris si, en contemplant M. Joachim sur sa chaise curule, je ne lui voyais en main que l'archet seul. Car je professe à l'égard des violonistes l'opinion de Méphistophélès sur les belles; » Méphistophélès ne pouvait « se les figurer qu'au pluriel. » Le bâton de chef d'orchèstre doit parfois lui peser lourd; il semble aussi que dans le domaine de la composition il ait rencontré plus d'épines qu'il n'a distribué de fleurs au public. En somme, j'ai peine à me figurer les tables de la loi étalées sur le pupître d'un premier violon. Socrate ne pensait pas que Thémistocle, Cimon et Périclès, excellents généraux, orateurs éloquents, fussent par cela même les mieux qualifiés pour gérer dans les meilleures conditions possibles les affaires de l'Etat ; au contraire, il lui était facile de démontrer, preuves en mains, que ce système avait de fâcheux résultats pour l'Etat et pour eux-mêmes. Mais peut-être bien qu'en musique, ce n'est plus la même chose.

Il y a encore une autre circonstance qui me fait rêver. On m'assure que M. Joachim — dont l'ami M. J. Brahms espérait pour lui-même les meilleurs résultats de son retour à la mélodie des *Lieder* de Schubert — attend, pour la musique en général, la venue *d'un nouveau Messie!* Peut-être aurait-il dû faire le sacrifice de cette espérance à ceux qui ont fait de lui un directeur d'école supérieure. En tous cas, je ne puis m'empêcher de lui dire : — Attention! si, par hasard, ce Messie n'était autre que vous-même, prenez bien garde au moins à ne pas vous laisser crucifier par les Juifs!

R. WAGNER

Ce chapitre n'est, à vrai dire, qu'une lourde diatribe contre Mendelssohn et les chefs d'orchestres allemands.

Comment en eût-il été autrement? N'était-il pas très-probable que M. Wagner ne ménagerait pas davantage les chefs d'orchestres allemands que les compositeurs illustres de l'Europe?

Le crime des seconds est d'accaparer les succès dans le présent, ne laissant à M. Wagner que la consolation de prétendre aux triomphes de « l'avenir. »

Le crime des premiers est de ne rien comprendre à la musique de M. Wagner et de s'abstenir de la faire exécuter, lorsque son protecteur royal les en laissent libres.

M. Wagner n'a pas d'autre objectif que son *moi*. Là se trouve tout le secret de sa mauvaise humeur contre le genre humain.

Son *moi* lui a dicté les fragments critiques qu'on vient de lire; la preuve s'en étale, sans vergogne, à toutes les pages.

Son *moi* lui dictait encore, en 1868, une brochure intitulée: *Art et Politique*. Ce *factum*, aussi faux dans ses jugements artistiques et politiques, que l'esprit même de l'auteur, et dirigé exclusivement contre la France, apparaissait comme une vengeance de la chûte méritée du *Tannhauser*, à l'Opéra de Paris. Ce n'est, d'un bout à l'autre de ce pamphlet, qu'une série d'injures qui interdisent à la critique, d'examiner les idées qu'il renferme.

Enfin, la vengeance personnelle inspirait, tout dernièrement encore, le *moi* de M. Wagner, lorsqu'il écrivait la *Marche de l'Empereur* et une *Marche de la Prestation de serment*, morceaux composés en l'honneur des victoires de l'Allemagne sur la France.

Ce dernier trait étant dévoilé, ma tâche se trouve accomplie. On connaît maintenant le musicien, le critique et l'homme!

TABLE DES MATIÈRES

CONTENUES DANS LE DEUXIÈME VOLUME.

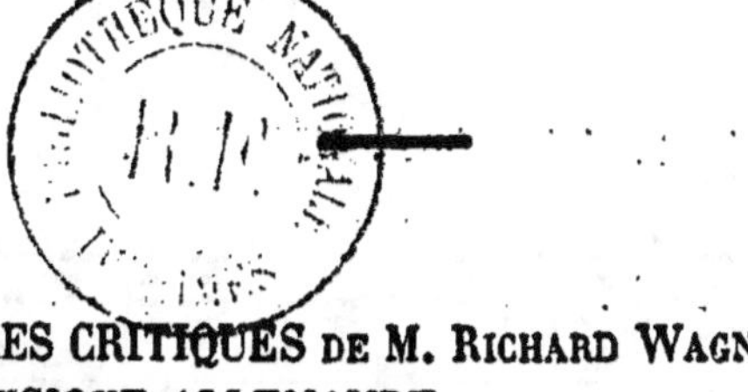

R A P P O R T   15

graphicom
379.89.70
MIRE ISO N° 1
NF Z 43-007
AFNOR
Cedex 7 - 92080 PARIS-LA-DÉFENSE
1
10

BIBLIOTHÈQUE NATIONALE

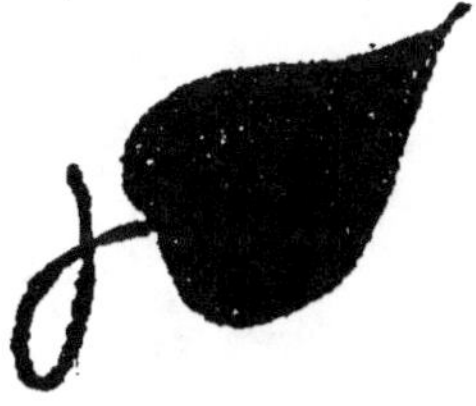

CHÂTEAU
de
SABLÉ

1990